Beten eine Quelle der Kraft

Gebetssammlung von Pfarrer Franz Kropfreiter

Verlag Kultur in die Familie

Gewidmet:
Mit Dank und Anerkennung
für Ihr großes Wirken im Dienste der Kirche
Herrn Dir. Karl Gruber † 05.02.2001
Herrn Spiritual Josef Huber † 14.04.1976
Herrn Prälat Dr. Karl Böcklinger † 28.04.1977

Sakrale Kunst
EBENHOFER GmbH,
4320 Perg, Pergkirchen 25
Tel.: 07262 / 52545

6., erweiterte Auflage mit Anhang

Für die Herausgabe zum privaten Gebrauch erteilt das Bischöfliche Ordinariat Linz das Nihil obstat mit Zahl 1760/77. Die Erweiterungen für die Neuauflage wurden nur Büchern entnommen, für die das Nihil obstat vorhanden ist.
Gedruckt in Österreich.

Druck, Bindung: Druckerei Denkmayr, Linz
ISBN 3-900891-08-7

Inhaltsübersicht

Anhang:

Einleitung

Als Leitgedanke sei dieser Schrift mitgegeben:

1. Ein Wort aus der Heiligen Schrift:
„Als erstes fordere ich zu Bitten und Gebeten auf, zu Fürbitten und Danksagungen für alle Menschen: für die Herrscher und für alle, die Macht haben, damit wir in aller Frömmigkeit und Rechtschaffenheit ungestört und ruhig leben können. So ist es vor Gott, unserem Retter, recht und angenehm; er will, daß alle Menschen gerettet werden und zur Erkenntnis der Wahrheit gelangen.“ (1 Tim 2,1-4)

2. Das Abschiedswort des Philosophen Peter Wust († 3.4.1940): „Und wenn Sie mich nun noch fragen sollten, bevor ich jetzt gehe und endgültig gehe, ob ich nicht einen Zauberschlüssel kenne, der einem das letzte Tor zur Weisheit des Lebens erschließen könne, dann würde ich Ihnen antworten: ‘Jawohl’. – Und zwar ist dieser Zauberschlüssel nicht die Reflexion, wie Sie es von einem Philosophen vielleicht erwarten möchten, sondern das Gebet. Das Gebet, als letzte Hingabe gefaßt, macht still, macht kindlich, macht objektiv. Ein Mensch wächst für mich in dem Maße immer tiefer hinein in den Raum der Humanität – nicht des Humanismus –, wie er zu beten imstande ist, wofern nur das rechte Beten gemeint ist. Gebet kennzeichnet alle letzte „Humilitas" des Geistes. Die großen Dinge des Daseins werden nur den betenden Geistern geschenkt. Beten lernen aber kann man am besten im Leiden."

3. Das Beispiel Anton Bruckners: Er betete täglich den Psalter, also alle drei Rosenkränze, und gab bei der Abendgewissenserforschung darüber Rechenschaft.

Nicht jedes Gebet eignet sich für jeden in jeder Lage. Mögen aber viele in dieser Schrift Anregungen und Gebete finden, die zum Heil der Einzelnen, zum Wohl der Familien, zur Stärkung des Glaubens- und Sittenlebens und zur Überwindung der größten Gefahr unserer Zeit, der Gottlosigkeit, beitragen!

Grundgebete

Die Grundgebete sind jener Gebetsschatz, den sich jeder Katholik ganz zu eigen machen soll. Das heißt konkret: Diese Gebete – und zusätzlich vielleicht noch einige andere, die von persönlicher Bedeutung geworden sind – sollten wir auswendig sprechen können. In vielen Familien lernen die Kinder keine Gebete mehr. Hier können die Großeltern helfen. Deshalb sind neben den Grundgebeten auch einige einfache Gebete für Kinder angeführt.

Zum Kreuzzeichen

Im Namen des Vaters und des Sohnes und des Heiligen Geistes. Amen.

Ehre sei dem Vater

Ehre sei dem Vater und dem Sohn und dem Heiligen Geist, wie im Anfang, so auch jetzt und alle Zeit und in Ewigkeit. Amen.

Das Gebet des Herrn

Vater unser im Himmel,
geheiligt werde Dein Name.
Dein Reich komme.
Dein Wille geschehe,
wie im Himmel so auf Erden.
Unser tägliches Brot gib uns heute.
Und vergib uns unsere Schuld,
wie auch wir vergeben unsern Schuldigern.
Und führe uns nicht in Versuchung,
sondern erlöse uns von dem Bösen.
Denn Dein ist das Reich und die Kraft und
die Herrlichkeit in Ewigkeit. Amen.

Das Apostolische Glaubensbekenntnis

Ich glaube an Gott, – den Vater, den Allmächtigen, – den Schöpfer des Himmels und der Erde, – und an Jesus Christus, – seinen eingeborenen Sohn, unsern Herrn, – empfangen durch den Heiligen Geist, – geboren von der Jungfrau

Maria, – gelitten unter Pontius Pilatus, – gekreuzigt, gestorben und begraben, – hinabgestiegen in das Reich des Todes, – am dritten Tage auferstanden von den Toten, – aufgefahren in den Himmel; – er sitzt zur Rechten Gottes, des allmächtigen Vaters; – von dort wird er kommen, zu richten die Lebenden und die Toten. – Ich glaube an den Heiligen Geist, – die heilige katholische Kirche, – Gemeinschaft der Heiligen, – Vergebung der Sünden, – Auferstehung der Toten – und das ewige Leben. – Amen.

Zu den Grundgebeten zählen auch:
Gloria S. 252 , **Credo** S. 256, **Sanctus** S. 265, **Tedeum** S. 38 und **Magnificat**, S. 37.

Grundgebete zu Maria

Jesus selbst hat uns am Kreuz Maria zur Mutter gegeben, als er zu ihr und Johannes sagte: „Sieh da dein Sohn! – Sieh da deine Mutter!“ Die Geschichte des inneren Lebens der Kirche lehrt uns, daß sie die große Fürbitterin der Menschen ist. Zu ihr können wir mit all unseren Nöten gehen. Sie gibt unsere Gebete weiter an ihn, „die Frucht ihres Leibes“.

Ave Maria

Gegrüßet seist Du, Maria,
voll der Gnade,
der Herr ist mit Dir.
Du bist gebenedeit unter den Frauen,
und gebenedeit ist die Frucht Deines Leibes,
Jesus.
Heilige Maria, Mutter Gottes,
bitte für uns Sünder
jetzt und in der Stunde unseres Todes. Amen.

Angelus, der „Engel des Herrn“

Dreimal am Tag lädt das Angelusläuten in katholischen Gegenden zum Beten des „Engel des Herrn“ ein. Jeden, der es hören kann, erinnert es an die Menschwerdung unseres Herrn.

Der Engel des Herrn brachte Maria die Botschaft, und sie empfing vom Heiligen Geist.
Gegrüßet seist Du, Maria ...

Maria sprach: Siehe, ich bin die Magd des Herrn; mir geschehe nach Deinem Wort.
Gegrüßet seist Du, Maria ...

Und das Wort ist Fleisch geworden und hat unter uns gewohnt.
Gegrüßet seist Du, Maria ...

Bitte für uns, heilige Gottesmutter,
daß wir würdig werden der Verheißung Christi.

Lasset uns beten. – Allmächtiger Gott,
gieße Deine Gnade in unsere Herzen ein.
Durch die Botschaft des Engels haben wir die Menschwerdung Christi, Deines Sohnes, erkannt.
Laß uns durch sein Leiden und Kreuz zur Herrlichkeit der Auferstehung gelangen. Darum bitten wir durch Christus, unseren Herrn. Amen.

Regina coeli

Von Karsamstag bis Pfingsten betet man statt des „Engel des Herrn" die folgende Antiphon:

Freu Dich, Du Himmelskönigin, Halleluja!
Den Du zu tragen würdig warst, Halleluja,
er ist auferstanden, wie er gesagt hat,
Halleluja.
Bitt Gott für uns, Halleluja.
Freu Dich und frohlocke, Jungfrau Maria,
Halleluja,
denn der Herr ist wahrhaft auferstanden,
Halleluja.

Lasset uns beten. – Allmächtiger Gott, durch die Auferstehung Deines Sohnes, unseres Herrn Jesus Christus, hast Du die Welt mit Jubel erfüllt. Laß uns durch seine jungfräuliche Mutter Maria zur unvergänglichen Osterfreude gelangen. Darum bitten wir durch Christus, unsern Herrn. Amen.

Der Rosenkranz

Weil Maria die erste in der Nachfolge Christi gewesen ist, wollen wir ihrem heiligen Leben im Rosenkranz unseren eigenen Weg ablauschen. Beim Beten können wir die Taten des Herrn und seiner Mutter, ihre Freuden und Leiden, ihre Verherrlichung und ihre Verklärung betrachten. Wir können alle Wünsche unseres Herzens, alle Leiden von uns und unseren Lieben, alle Bitten um Hilfe in den Katastrophen und Nöten unserer Zeit darin einbringen. Die kurzen Erklärungen der einzelnen Geheimnisse wollen dabei Hilfestellung bie-

ten. Bei der Tiefe dieses Gebetes sind unzählige andere Deutungen möglich.

Jedes Gesätzchen beginnt mit dem Vaterunser. Es folgt zehnmal das Ave Maria; nach dem Namen „Jesus" wird jedesmal das entsprechende Geheimnis eingefügt.
Das Gesätzchen schließt mit dem „Ehre sei dem Vater".

Seit der Verkündigung der Botschaft von Fatima durch Papst Pius XII. kann nach dem „Ehre sei dem Vater" eines jeden Gesätzchens das Fatimagebet um die Rettung der Sünder gebetet werden:

O mein Jesus!
Verzeih uns unsere Sünden. Bewahre uns vor dem Feuer der Hölle. Führe alle Seelen in den Himmel, besonders jene, die am meisten Deiner Barmherzigkeit bedürfen.

Eröffnung

Im Namen des Vaters ... Ich glaube an Gott ... Ehre sei dem Vater ... Vater unser ... Gegrüßet seist Du, Maria ...
Jesus, der in uns den Glauben vermehre
Jesus, der in uns die Hoffnung stärke
Jesus, der in uns die Liebe entzünde
Ehre sei dem Vater ... O mein Jesus! ...

Freudenreiche Geheimnisse:

1 Jesus, den Du, o Jungfrau, vom Heiligen Geist empfangen hast.

Das geschah in der Stille von Nazareth. Aber auch heute noch gilt: „Siehe – ich stehe vor der Türe Deines Herzens und klopfe an“; in der heiligen Kommunion, in jedem guten Gedanken, auch im Leid.

2 Jesus, den Du, o Jungfrau, zu Elisabeth getragen hast.

Die Liebe hat Maria gedrängt, zu Elisabeth zu eilen und ihr beizustehen. Heute ist sie die Mutter der Menschen: Heil der Kranken, Hilfe der Christen, Zuflucht der Sünder, Trösterin der Betrübten.

3 Jesus, den Du, o Jungfrau, in Bethlehem geboren hast.

Christus wird nicht nur im Stall geboren, sondern er lebt in jeder Seele. „Er in mir und ich in ihm." Wir wollen unser Herz immer mehr für ihn öffnen.

4 Jesus, den Du, o Jungfrau, im Tempel aufgeopfert hast.

Auch unser Leben braucht die Weihe, damit es Sinn und Segen hat. Heilige dein Herz und laß es heiligen durch die Sakramente und Sakra-

mentalien. Du sollst der Nüchternheit und Gewöhnlichkeit des Alltags nicht erliegen.

5 Jesus, den Du, o Jungfrau, im Tempel wiedergefunden hast.

Gott läßt sich vom Menschenherzen finden – im Tabernakel, im Beten, auch auf den Altären des Leidens. Bitten wir Maria um Fürsprache für jene, die den Glauben verloren haben.

Schmerzhafte Geheimnisse:

1 Jesus, der für uns Blut geschwitzt hat.

Auch Jesus hat gelitten und schmerzlich gerungen: „Vater – laß den Kelch vorübergehen!" Aber auch – „Dein Wille geschehe!" Die Jünger schliefen unterdessen. Bei den schwersten Entscheidungen sind wir ganz einsam. Aber dadurch können wir frei werden für das Größte und Schönste, was uns geschehen kann: für den Willen Gottes.

2 Jesus, der für uns gegeißelt worden ist.

In der körperlichen Pein des Gottmenschen ist aller Schmerz des Leibes geadelt worden. Wie oft fühlen wir, daß wir hilflos gegenüber unseren Schmerzen und den Leiden unserer Mitmenschen sind. Schauen wir auf Jesus: „Leiden Christi, stärke mich!“

3 Jesus, der für uns mit Dornen gekrönt worden ist.

Jesus hat hier auch all die menschliche Bosheit ertragen wollen. Bitten wir um Vergebung für unseren Stolz und um Demut.

4 Jesus, der für uns das schwere Kreuz getragen hat.

Unser eigenes Leid ist mit dem Erlöserkreuz verbunden und geweiht. Bitten wir um die Gnade, daß wir unser Kreuz mit Jesus tragen und im Kreuz der anderen das Kreuz des Herrn erkennen und ihnen tragen helfen.

5 Jesus, der für uns gekreuzigt worden ist.

Die Liebe Christi erfüllt sich im Opfertod auf Golgotha. Dieses Kreuzopfer wird täglich erneuert in der heiligen Messe. Bitten wir die Mutter Gottes, daß sie uns hilft, dieses Geheimnis immer besser zu verstehen.

Glorreiche Geheimnisse:

1 Jesus, der von den Toten auferstanden ist.

Der Tod ist nicht das Letzte. Bitten wir darum, daß der Glaube an die Auferstehung in uns wachse und unser Denken und Handeln hier auf Erden beeinflußt.

2 Jesus, der in den Himmel aufgefahren ist.

Die Sehnsucht nach dem Himmel möge uns immer mehr Mut geben, uns „gegen den Strom" des Zeitgeistes zu wenden.

3 Jesus, der uns den Heiligen Geist gesandt hat.

Bei der Firmung sagte der Bischof zu uns: „Empfange den Heiligen Geist!“ Maria, der „Kelch des Heiligen Geistes“, kann uns helfen, daß unser Leben Zeugnis ablegt vom Wirken des Heiligen Geistes.

4 Jesus, der Dich, o Jungfrau, in den Himmel aufgenommen hat.

Bitten wir um die Gnade, in unserer Sterbestunde das Sakrament des Altares empfangen zu dürfen.

5 Jesus, der Dich, o Jungfrau, im Himmel gekrönt hat.

Das schlichte Leben Mariens wuchs empor zu unsagbarer Herrlichkeit. Die Liebe zur Mutter Gottes kann uns darin bestärken, daß wir immer demütiger werden und gleichzeitig wachsen in der Erkenntnis, welch große Würde wir als Ebenbild Gottes haben.

Die täglichen Gebete

Im Laufe unseres Lebens haben wir uns vielleicht eine bestimmte Art angewöhnt, mit Gott am Morgen und Abend zu sprechen und ihm beim Mahl zu danken. Ein fester Gebetsschatz kann viel Stütze und Kraft geben – er kann aber auch unser Gespräch mit Gott einengen. Es ist hilfreich, nachzuschauen, ob nicht ein anderes Gebet vielleicht mehr dem entspricht, was wir in der gegenwärtigen Lebenslage Gott gegenüber empfinden.

Zum täglichen „Gebetsleben" gehört auch, daß wir das Wort Gottes in der Heiligen Schrift aufnehmen. Wem es möglich ist, der wird es bei der täglichen Meßfeier hören. In einem liturgischen Kalender oder einem neuen Meßbuch sind die Schriftlesungen angegeben, wie sie im Wortgottesdienst der heiligen Messe täglich verkündet werden. An diese Leseordnung können wir uns auch zu Hause halten.

Morgengebete

Alle unsere Handlungen sind das wert, was das Gebet in der Morgenfrühe sie wert sein läßt.

Vinzenz von Paul

Im Namen meines gekreuzigten Heilandes stehe ich auf. Er hat mich durch sein kostbares Blut erlöst. Er segne und leite mich und führe mich zum ewigen Leben.
Amen.

Herr, allmächtiger Gott, am Beginn dieses neuen Tages bitten wir Dich: Schütze uns heute durch Deine Kraft. Bewahre uns vor Verwirrung und Sünde. Laß uns denken, reden und tun, was recht ist vor Dir. Durch Christus, unsern Herrn. Amen.

Vater im Himmel,
Lob und Dank sei Dir für die Ruhe der Nacht; Lob und Dank sei Dir für den neuen Tag; Lob und Dank sei Dir für alle Deine Liebe und Güte und Treue in meinem Leben. Du hast mir viel Gutes erwiesen; laß mich auch das Schwere aus Deiner Hand annehmen. Du wirst mir aber nicht mehr auferlegen, als ich tragen kann. Du läßt Deinen Kindern alle Dinge zum Besten dienen. Amen. (Dietrich Bonhoeffer)

Vater im Himmel, ich weihe mich Dir am heutigen Tag. Was dieser Tag auch bringen mag, Du wirst mich schützen. Ich will Dir heute Freude machen mit meinem Reden, Denken und Tun. Und alles, was ich heute zu tragen habe, das will ich mit dem Leiden Christi verbinden, daß Du alles segnest und fruchtbar machst. Stärke mich in der Prüfung, daß ich nicht kleinmütig und ungeduldig werde. Segne auch meine Verwandten und Angehörigen und schütze sie bei der Arbeit. Führe sie den Weg des Heiles. Amen.

Heiligste Dreifaltigkeit,
durch das unbefleckte Herz Marias
opfere ich Dir alle heiligen Meßopfer,
guten Werke und mich selbst auf,
zu Deiner Ehre und zum Dank,
zur Sühne für alle Menschen,
alle Seelen im Fegfeuer
und alle, die heute sterben werden.
Vermehre in mir den Glauben,
stärke meine Hoffnung
und entzünde in mir die Liebe zu Dir.
Amen.

Gott, am Beginn dieses Tages
reiche ich Dir meine Hände
und verspreche Dir,
nichts Böses zu tun oder zuzulassen.
Dir weihe ich diesen neuen Tag.
Ich will halten, was ich versprach,
und meine Leidenschaften zügeln.
Ich schäme mich meines Alters,
weil ich immer noch lau bin;
zögernd nur wage ich,

hinzutreten zu Deinem Tisch.
Herr, hilf, daß meine Vorsätze in Erfüllung gehen. Amen.

Vater, ich danke Dir, daß ich diesen neuen Tag beginnen darf. Mit Dir kann ich ihn froh beginnen. Ich weiß, daß Du mich liebst. Laß mich heute anderen Freude schenken.
Amen.

Morgengebet mit Kindern

O Gott, Du hast in dieser Nacht
so väterlich für mich gewacht;
ich lob' und preise Dich dafür
und dank' für alles Gute Dir.

Bewahre mich auch diesen Tag
vor Sünde, Tod und jeder Plag',
und was ich denke, red' und tu,
das segne, liebster Vater, Du!

Ich will Dein gutes Kind heut sein
und Dir nur dienen ganz allein;
mein Tun und Lassen, Freud und Leid
sei alles Deiner Ehr geweiht!

Die Eltern auch empfehl ich Dir,
behüte, lieber Gott, sie mir!
Vergilt, o Herr, weil ich nicht kann,
das Gute, das sie mir getan!

Tischgebete

In der Familie sollte, wenn möglich, zumindest das Tischgebet einmal am Tag gemeinsam gebetet werden.

Vor dem Essen:

Segne, Vater, diese Gaben! Amen.

Herr, segne uns und diese Gaben, die wir von

Deiner Güte nun empfangen, durch Christus, unsern Herrn. Amen.
Alles Gute kommt von Dir, o Herr. Segne diese Speisen. Wir wollen sie in Dankbarkeit essen. Amen.

O Gott, von dem wir alles haben,
wir danken Dir für diese Gaben.
Du speisest uns, weil Du uns liebst.
O segne auch, was Du uns gibst. Amen.

Vater unser ... Gegrüßet seist Du, Maria ...
Was aufgesetzt wird auf den Tisch,
das segne uns Herr Jesus Christ.
Er speis' uns jetzt und allezeit,
nach seinem Wort zur ewigen Freud
und Seligkeit. Amen.

Nach dem Essen:

Herr, wir danken für die Gaben. Amen.

Wir danken Dir, Herr, Gott, himmlischer Vater, daß Du uns Speise und Trank gegeben hast. Laß uns teilhaben am ewigen Gastmahl.
Wir danken Dir, allmächtiger Gott, für alle Deine Wohltaten, der Du lebst und herrschest von Ewigkeit zu Ewigkeit. Amen.

Im täglichen Mahl, o Herr, erkennen wir Deine Güte. Wir danken Dir und loben Dich in Ewigkeit. Amen.

Dir sei, o Gott, für Speis und Trank,
für alles Gute Lob und Dank.
Du gabst, Du willst auch künftig geben.
Dich preise unser ganzes Leben. Amen.
Ehre sei dem Vater ...
Der Engel des Herrn ...
Herr, gib allen Verstorbenen ...

Abendgebete

Herr, in Deine Hände lege ich voll Vertrauen
meinen Geist. Es segne und behüte mich
der allmächtige und barmherzige Gott,
der Vater, der Sohn und der Heilige Geist.
Amen.

Danke für alles, was heute schön war, was andere für mich getan haben, was ich erleben und erfahren durfte, für alle Menschen, die mir begegnet sind. Verzeih mir alles, was ich nicht recht gemacht habe, wenn ich andern geschadet habe, wenn andere vergebens von mir Hilfe erwartet haben.
Ich bitte Dich für Eltern, Geschwister und für alle, die unglücklich sind, die in Sorgen leben, für alle, die nie satt werden.
Sei Du mit den Einsamen und Sterbenden und zeige mir jeden Tag, wie ich helfen kann.
Segne uns alle und schenke eine ruhige Nacht.
Amen.

Abendgebet mit Kindern

Bevor ich mich zur Ruh' begeb',
zu Dir, o Gott, mein Herz ich heb'
und sage Dank für jede Gabe,
die ich von Dir empfangen habe.

Und hab' ich heut beleidigt Dich,
verzeih mir, Gott, ich bitte Dich.
Dann schließ ich froh die Augen zu,
es wacht mein Engel, wenn ich ruh.

Maria, liebste Mutter mein,
o laß mich Dir empfohlen sein.
Dein Kreuz, o Jesus schütze mich
vor allem Bösen gnädiglich
In Deine Wunden schließ mich ein,
dann schlaf ich sicher, keusch und rein.
Amen.

Lobgebete

„Singt Gott in eurem Herzen Psalmen, Hymnen und Lieder, wie sie der Geist eingibt, denn ihr seid in Gottes Gnade.“ (Kol 3,16)
„Seine Größe hat kein Ende; somit darf auch Dein Lob kein Ende nehmen.“
(Aug. in Ps 144,5)

Benedictus

Der Lobgesang des Sacharia

Gepriesen sei der Herr, der Gott Israels! Denn er hat sein Volk besucht und ihm Erlösung geschaffen;
er hat uns einen starken Retter erweckt im Hause seines Knechtes David.
So hat er verheißen von alters her durch den Mund seiner heiligen Propheten.

Er hat uns errettet vor unsern Feinden und aus der Hand aller, die uns hassen; er hat das Erbarmen mit den Vätern an uns vollendet und an seinen heiligen Bund gedacht, an den Eid, den er unserm Vater Abraham geschworen hat; er hat uns geschenkt, daß wir, aus Feindeshand befreit, ihm furchtlos dienen in Heiligkeit und Gerechtigkeit vor seinem Angesicht all unsre Tage.

Und Du, Kind, wirst Prophet des Höchsten heißen; denn Du wirst dem Herrn vorangehn und ihm den Weg bereiten. Du wirst sein Volk mit der Erfahrung des Heils beschenken in der Vergebung der Sünden.

Durch die barmherzige Liebe unseres Gottes wird uns besuchen das aufstrahlende Licht aus der Höhe,

um allen zu leuchten, die in Finsternis sitzen und im Schatten des Todes, und unsre Schritte zu lenken auf den Weg des Friedens.

(Lk 1,68-79)

Magnificat

Lobgesang Mariens

Meine Seele preist die Größe des Herrn; und mein Geist jubelt über Gott, meinen Retter.
Denn auf die Niedrigkeit seiner Magd hat er geschaut. Siehe, von nun an preisen mich selig alle Geschlechter!
Denn der Mächtige hat Großes an mir getan, und sein Name ist heilig.
Er erbarmt sich von Geschlecht zu Geschlecht über alle, die ihn fürchten.
Er vollbringt mit seinem Arm machtvolle Taten: er zerstreut, die im Herzen voll Hochmut sind; er stürzt die Mächtigen vom Thron und erhöht die Niedrigen.
Die Hungernden beschenkt er mit seinen Gaben und läßt die Reichen leer ausgehn.
Er nimmt sich seines Knechtes Israel an und denkt an sein Erbarmen, das er unsern Vätern verheißen hat, Abraham und seinen Nachkommen auf ewig. (Lk 1,46-55)

Lobgesang des Simeon

Nun läßt Du, Herr, Deinen Knecht, wie Du gesagt hast, in Frieden scheiden. Denn meine Augen haben das Heil gesehen, das Du vor allen Völkern bereitet hast, ein Licht, das die Heiden erleuchtet, und Herrlichkeit für Dein Volk Israel. (Lk 2,29-32)

Tedeum

Dich, Gott, loben wir, Dich, Herr, preisen wir.
Dir, dem ewigen Vater, huldigt das Erdenrund.
Dir rufen die Engel alle;
Dir Himmel und Mächte ingesamt,
die Kerubim Dir und die Serafim,
mit niemals endender Stimme zu:

Heilig, heilig, heilig,
der Herr, der Gott der Scharen!
Voll sind Himmel und Erde
von Deiner hohen Herrlichkeit.

Dich preist der glorreiche Chor der Apostel;
Dich der Propheten lobwürdige Zahl;
Dich der Märtyrer leuchtendes Heer.
Dich preist über das Erdenrund
die heilige Kirche;
Dich, den Vater unmeßbarer Majestät;
Deinen wahren und einzigen Sohn;
und den heiligen Fürsprecher Geist.

Du König der Herrlichkeit, Christus.
Du bist des Vaters allewiger Sohn.
Du hast der Jungfrau Schoß nicht verschmäht,
bist Mensch geworden,
den Menschen zu befreien.
Du hast bezwungen des Todes Stachel
und denen, die glauben,
die Reiche der Himmel aufgetan.
Du sitzest zur Rechten Gottes
in Deines Vaters Herrlichkeit.
Als Richter, so glauben wir,
kehrst Du einst wieder.
Dich bitten wir denn,
komm Deinen Dienern zu Hilfe,

die Du erlöst mit kostbarem Blut.
In der ewigen Herrlichkeit
zähle uns Deinen Heiligen zu.

(Rette Dein Volk, o Herr, und segne Dein Erbe;
und führe sie und erhebe sie bis in Ewigkeit.
An jedem Tag benedeien wir Dich
und loben in Ewigkeit Deinen Namen,
ja in der ewigen Ewigkeit.
In Gnaden wollest Du, Herr,
an diesem Tag uns ohne Schuld bewahren.
Erbarme Dich unser, o Herr,
erbarme Dich unser.
Laß Dein Erbarmen über uns geschehen,
wie wir gehofft auf Dich.
Auf Dich, o Herr, habe ich meine Hoffnung
gesetzt.
In Ewigkeit werde ich nicht zuschanden.)

Die in Klammern stehenden Verse können entfallen. Sie gehören nicht zum Urtext.

Sonnengesang

Du höchster, allmächtiger, guter Herr,
Dein ist Lobpreis und Ruhm,
Ehre und jeglicher Segen.
Dir allein, Höchster, gebühren sie.
Und keiner der Menschen ist wert,
Dich im Munde zu führen.

Sei gelobt, mein Herr,
mit all Deinen Kreaturen.
Sonderlich mit der hohen Frau,
unserer Schwester Sonne,
die den Tag macht
und mit ihrem Licht uns beleuchtet,
schön in der Höhe strahlend
mit mächtigem Glanz,
ist sie Dein Sinnbild, Du Herrlicher!

Sei gelobt, mein Herr,
durch Bruder Mond und die Sterne.
Du hast sie am Himmel geformt
in köstlich funkelnder Ferne!

Sei gelobt, mein Herr,
durch Bruder Wind,
durch Luft und Gewölk
und heiteres und jegliches Wetter.
Alle Kreatur belebst Du durch sie!

Sei gelobt, mein Herr,
durch Bruder Wasser.
Er ist so nützlich, gering, köstlich und keusch.

Sei gelobt, mein Herr,
durch Bruder Feuer.
Er erleuchtet das Dunkel,
kühn ist sein Sprühen,
heiter ist er, schön und gewaltig stark.

Sei gelobt, mein Herr,
durch unsere Schwester Mutter Erde,
sie versorgt uns und nährt uns
und zeitigt allerlei Früchte,
farbige Blumen und Gras.

Sei gelobt, mein Herr,
durch jene,
die allen verzeihen aus Liebe zu Dir,
die Elend tragen und Mühsal.
Sie dulden in Frieden.
Von Dir, Du Höchster,
empfangen sie die Krone.

Sei gelobt, mein Herr,
durch unsern Bruder, den Leibestod.
Kein Lebender kann ihm entrinnen.
Weh denen, die sterben in Todessünden!
Selig die, die sterben,
geborgen in Deinem heiligsten Willen!
Der zweite Tod vermag nichts wider sie.

Lobet und preiset meinen Herrn
in Dankbarkeit!
Und dienet Ihm in großer Demut!

(Hl. Franz von Assisi † 1226)

Lobpreis der Heiligen Dreifaltigkeit

Allmächtiger Gott,
ewige Dreifaltigkeit und untrennbare Einheit,
ich preise und verehre Dich,
ich bete Dich an und strebe zu Dir hin:
mit ganzem Herzen, mit ganzer Seele,
mit meinem Verstand
und mit all meinen Kräften.
Du bist mein Schöpfer,
mein Erlöser und Heiland;
Du bist mir Vater, Seligkeit, Tapferkeit,
Ewigkeit und Freude.
Du bist der einzige und allmächtige Gott
und Herr des Himmels,
der Schöpfer der Welt und aller Lebewesen,
der Gott des Lichtes
und das Leben der Gläubigen,
bist lebenspendendes Leben
für die Menschen und alle Geschöpfe.
Du liebst und wirst geliebt,
bist Liebe und ein allerliebster Freund;
wahres Licht, Licht vom Licht,
das Licht, das Licht spendet,

Du bist Ratschlag, Ratgeber und Vermittler.
Durch dich, mit Dir und in Dir
erhält jedes Wesen das Leben:
Dir sei Lobpreis, Herrlichkeit
und Kraft in Ewigkeit.

Gebet zur Heiligsten Dreifaltigkeit

Heil Dir, ewiger Herrscher, lebendiger Gott, allzeit Gewesener, furchtbar gerechter Richter, immer gütiger, barmherziger Vater!
Dir werde neu und allezeit Anbetung, Lobpreis, Ehre und Herrlichkeit durch Deine sonnengehüllte Tochter, unsere wunderbare Mutter!

Heil Dir, geopferter Gottmensch, blutendes Lamm, König des Friedens, Baum des Lebens, Du unser Haupt, Tor zum Herzen des Vaters, ewig aus dem Lebenden Geborener, in Ewigkeit mit dem Seienden herrschend!
Dir werde neu und allezeit Macht, Herrlichkeit und Größe, Anbetung und Sühne und Preis durch Deine makellose Gebärerin, unsere wunderbare Mutter!

Heil Dir, Geist des Ewigen, immer Lebendiger, allzeit Heiligkeit Strömender, seit Ewigkeit wirkend in Gott! Du ewige Feuerflut vom Vater zum Sohn, Du brausender Sturm, der Du wehest Kraft und Licht und Glut in die Glieder des ewigen Leibes. Du ewiger Liebesbrand, gestaltender Gottesgeist in den Lebenden, Du roter Feuerstrom vom Immerlebenden zu den Sterbenden!
Dir werde neu und in alle Ewigkeit Pracht und Herrlichkeit und Schönheit durch Deine sternengekrönte Braut, unsere wunderbare Mutter! Amen.

Loblied der Kinder

Mein Gott, Dich will ich loben
mit Deinen Engeln schön.
Ich hab das Herz erhoben,
will fröhlich vor Dir stehn.
Wie bist Du groß und heilig,
Du Herr der Engelschar,
Du füllest Erd' und Himmel
mit Gaben wunderbar.
Du breitest Deine Hände

für alle Kinder Dein.
Laß danken uns ohn' Ende
und wie die Engel sein!

Lobgebet aus dem Stundenbuch

Herr aller Mächte, Throne und Gewalten, Dir gilt der Lobpreis, den die Schöpfung darbringt.
Zu Deiner Ehre singen alle Wesen, die Du erschaffen.
Vor Deiner Größe neigen sich in Ehrfurcht Chöre der Engel, dienen dir voll Freude.
Alle Erlösten danken Dir auf ewig für Deine Liebe.
Und Deine Kirche jubelt heut mit ihnen, denn Du bist nahe, führst sie durch die Zeiten, wehrest dem Bösen, sendest Deine Engel, uns zu behüten.
Lob sei dem Vater auf dem höchsten Throne, Lob sei dem Sohne, dem die Engel dienen, Lob sei dem Geiste, der von beiden ausgeht, immer und ewig.

Gloria siehe S. 252.

Reuegebete

Allmächtiger Gott und Herr meines Lebens,
befreie mich von dem Geist
der Trägheit und der Leichtfertigkeit,
des Stolzes und der Geschwätzigkeit.
Gewähre statt dessen Deinem Diener
den Geist der Klugheit und der Demut,
der Geduld und der Barmherzigkeit.
Allmächtiger Gott und Herr,
laß mich meine Sünden erkennen
und nicht über meinen Bruder urteilen;
denn Dir sei aller Lobpreis,
von Ewigkeit zu Ewigkeit.
Amen.

Mein Jesus Barmherzigkeit!
Gott sei mir Sünder gnädig!

Gebet vor der Beichte

Herr, Du rufst uns zur Umkehr, weil Du retten willst, was verloren war. Erleuchte mich, daß ich klar erkenne, was ich gesündigt habe. Gib mir die Gnade, daß ich die Sünden wirklich bereuen und überwinden kann. Verzeih mir in Deiner Liebe und wasche mich rein, damit ich wieder neu beginnen kann mit einem Leben, das Dir und mir Freude macht.

Bitte um Vergebung und neuer Vorsatz

Herr, Du liebst mich von Ewigkeit, hast mich gewollt und gerufen, wartest auf mich. Ich vergesse Dich, stelle mich taub und laufe davon. Es ist nicht gut, daß ich so bin; daß ich Dich verletze und die Menschen, mit denen ich zusammenlebe. Ich will neu beginnen im Vertrauen auf Dich. Ich will versuchen, Deinen Willen zu tun und gut zu sein zu den Menschen, die mich brauchen.

Gebete zu den drei göttlichen Personen und zum leidenden Herrn

Gebete zum himmlischen Vater und zu Jesus Christus

Das allgemeine Gebet

Allmächtiger, ewiger Gott; Herr, himmlischer Vater! Sieh an mit den Augen Deiner Barmherzigkeit den Jammer der Menschen, ihr Elend und ihre Not. Erbarme Dich aller Gläubigen, für die Dein Sohn, unser Herr und Heiland Jesus Christus, sich freiwillig in die Hände der Sünder gegeben und sein kostbares Blut am Stamm des Kreuzes vergossen hat.

Durch diesen Herrn Jesus Christus wende ab, gütiger Vater, die wohlverdienten Strafen, ge-

genwärtige und zukünftige Gefahren, Aufruhr, Krieg, Teuerung, Krankheiten und unheilvolle Zeiten.

Erleuchte und stärke in allem Guten die geistlichen und weltlichen Vorgesetzten, damit sie alles fördern, was Deiner Ehre und unserm Heil dient, zum allgemeinen Frieden und zur Wohlfahrt der ganzen Welt.

Verleihe uns, o Gott des Friedens, rechte Vereinigung im Glauben ohne alle Spaltung und Trennung. Bekehre unsere Herzen zur wahren Buße und Besserung des Lebens. Entzünde in uns das Feuer Deiner Liebe. Gib uns Eifer und Hunger nach aller Gerechtigkeit, damit wir, Deinem Willen gehorsam, im Leben und Sterben Dir angenehm und wohlgefällig sind.

Wir bitten Dich, wie Du willst, o Gott, daß wir bitten sollen, für unsere Freunde und Feinde, für Gesunde und Kranke, für Betrübte und Bedrängte, für Lebende und Verstorbene.

Dir, o Gott, sei empfohlen unser Tun und Lassen, unser Handel und Wandel, unser Leben und Sterben. Laß uns hier in Deiner Gnade leben und dort in der Gemeinschaft der Heiligen Dich ewig loben und ehren. Das verleihe uns, Herr, himmlischer Vater, durch Jesus Christus, Deinen lieben Sohn, unsern Herrn und Heiland, der mit Dir und dem Heiligen Geiste als gleicher Gott lebt und herrscht in Ewigkeit. Amen.
(Hl. Petrus Canisius)

Gebet für die Familien

Gott, von Dir kommt alle Vaterschaft im Himmel und auf Erden.
Vater der Liebe und des Lebens, gib, daß jede menschliche Familie auf der Erde durch Deinen Sohn Jesus Christus jetzt und für die kommenden Generationen zu einem wahren Heiligtum des Lebens und der Liebe werde.
Lenke durch Deine Gnade das Denken und

Handeln der Eltern auf das Wohl ihrer Familie und aller Familien in der Welt.
Laß die Jugendlichen für ihre menschliche Entfaltung und ihr Wachsen in Wahrheit und Liebe in der Familie starken Rückhalt finden.
Lasse die Liebe, gefestigt durch die Gnade des Ehesakramentes, sich stärker als alle Schwäche und jegliche Krise erweisen, die unsere Familien mitunter zu bestehen haben.
Gib ferner, so bitten wir Dich, auf die Fürsprache der Heiligen Familie von Nazareth, daß die Kirche inmitten aller Völker der Erde in der Familie und durch die Familie ihre Sendung fruchtbar erfüllen kann.
Denn Du bist das Leben, die Wahrheit und die Liebe in der Einheit des Sohnes und des Heiligen Geistes.
Amen.
(Papst Johannes Paul II.)

Gebet für die Ungeborenen und um Bewahrung der Schöpfung

Vater im Himmel, senke allen Menschen eine so große Liebe in das Herz, daß sie jedes Menschenleben lieben und achten. Hilf uns, daß wir alle Kräfte dafür einsetzen, das Leben der Schwachen, besonders der Ungeborenen, zu schützen. Wir wollen mithelfen, daß die kommenden Generationen auf der ganzen Welt gesunde Lebensbedingungen für ein glückliches Leben vorfinden. Amen.

Gebet um ein gutes Alter

Ein geduldiges und ergebenes Alter
gib uns, o Herr!
Ein Alter der Wiedergutmachung
gib uns, o Herr!
Ein demütiges und dankbares Alter
gib uns, o Herr!
Ein friedliches und getröstetes Alter

gib uns, o Herr!
Die heilsame Furcht des Gerichtes
gib uns, o Herr!
Die letzten Sakramente in vollem Bewußtsein
zu empfangen
gib uns, o Herr!
Vor einem egoistischen Alter
bewahre uns, o Herr!
Vor einem grämlichen und zornmütigen Alter
bewahre uns, o Herr!
Vor unnützen Klagen
bewahre uns, o Herr!
Vor beunruhigenden Erinnerungen
bewahre uns, o Herr!
Vor Angst und Zweifel
bewahre uns, o Herr!
Vor einem plötzlichen und unvorhergesehenen
Tode
bewahre uns, o Herr!
Unsere körperlichen und seelischen Leiden
nimm als Opfer an, o Herr!
Durch die Herrlichkeit des Glaubens
erleuchte unser Alter, o Herr!

Durch die Hoffnung auf unsere Auferstehung
verwandle uns, o Herr!
O Gott, gib mir die Gnade,
die Prüfungen des Alters geduldig zu ertragen,
auf daß mein Leben für die Meinen keine Last,
sondern eine Erbauung sei.
Dies bitten wir Dich,
durch Christus, unsern Herrn.
Amen.

Seele Christi, heilige mich.
Leib Christi, rette mich.
Blut Christi, tränke mich.
Wasser der Seite Christi, wasche mich.
Leiden Christi, stärke mich.
O guter Jesus, erhöre mich.
Birg in Deinen Wunden mich.
Von Dir laß nimmer scheiden mich.
Vor dem bösen Feind beschütze mich.
In meiner Todesstunde rufe mich.
Zu Dir zu kommen heiße mich,
mit Deinen Heiligen zu loben Dich
in Deinem Reiche ewiglich. Amen.

Donnerstag-Gebet

Zum Todesangst-Christi-Läuten abends

V Als Jesus auf den Ölberg kam, fiel er auf sein Angesicht und betete: „Mein Vater, wenn es möglich ist, so gehe dieser Kelch an mir vorüber; doch nicht wie ich will, sondern wie Du willst.“ Dann befiel ihn Todesangst und er betete noch inständiger. Sein Schweiß war wie Tropfen Blutes, das zur Erde rann. – Herz Jesu, Dich hat in Deiner Todesangst ein Engel gestärkt.

A Stärke auch uns in unserem Todeskampfe.

Vater unser ... Gegrüßet seist Du, Maria ...

V Lasset uns beten! Wir bitten Dich, o Herr, blicke gnädig hernieder auf diese Deine Familie, für die sich unser Herr Jesus Christus bereitwillig den Händen der Frevler übergeben und die furchtbaren Qualen des Kreuzes erduldet hat: der mit Dir lebt und herrscht von Ewigkeit zu Ewigkeit.

A Amen.

Freitag-Gebet

Zum Sterben-Christi-Läuten um 3 Uhr nachmittags:

V Als Jesus gekreuzigt worden war, brach eine Finsternis über das Land herein. Und Jesus rief mit lauter Stimme: „Mein Gott, mein Gott, warum hast du mich verlassen? – Vater, in deine Hände empfehle ich meinen Geist.“ Nach diesen Worten neigte er sein Haupt und gab den Geist auf. – Wir beten Dich an, Herr Jesus Christus, und preisen Dich.
A Denn durch Dein heiliges Kreuz hast Du die Welt erlöst.
Vater unser ... Gegrüßet seist Du, Maria ...
V Lasset uns beten! Wir bitten Dich, o Herr, blicke gnädig hernieder auf diese Deine Familie, für die sich unser Herr Jesus Christus bereitwillig den Händen der Frevler übergeben und die furchtbaren Qualen des Kreuzes erduldet hat: der mit Dir lebt und herrscht von Ewigkeit zu Ewigkeit.
A Amen.

Ablaßgebet nach der hl. Kommunion

Kniend vor dem Bilde des gekreuzigten Heilandes

Sieh, o guter, lieber Jesus, ich werfe mich vor Dir auf die Knie nieder und bitte und beschwöre Dich aufs innigste: Gib mir lebendige Gefühle des Glaubens, der Hoffnung und der Liebe ins Herz und wahre Reue über meine Sünden und den festen Willen, sie auszurotten! Denn ich betrachte voll Liebe und Mitleid Deine heiligen fünf Wunden und denke an das, was schon der Prophet David von Dir, o guter Jesus, gesagt hat: „Sie haben meine Hände und meine Füße durchbohrt, sie haben alle meine Gebeine gezählt."

Auf die Meinung des Heiligen Vaters:
Vater unser ..., Gegrüßet seist Du ..., Ehre sei dem Vater ... oder ein anderes Gebet.

Gelobt sei Jesus Christus in Ewigkeit. Amen.

Gebet, das der Engel von Fatima den Kindern Lucia, Francesco und Jacinta 1916 vorbetete

Mein Gott, ich glaube, ich bete an, ich hoffe und ich liebe Dich. Ich bitte Dich um Verzeihung für alle jene, die nicht glauben, nicht anbeten, nicht hoffen und nicht lieben. Allerheiligste Dreifaltigkeit, Vater, Sohn und Hl. Geist, ich bete Dich in tiefster Ehrfurcht an und opfere Dir auf den kostbaren Leib, das Blut, die Seele und die Gottheit Jesu Christi, der in allen Tabernakeln der Welt gegenwärtig ist, zur Sühne für die Schmähungen, Entweihungen und die Gleichgültigkeit, durch die er selbst beleidigt wird. Durch die unendlichen Verdienste seines heiligsten Herzens und des unbefleckten Herzens Mariä bitte ich Dich um die Bekehrung der Armen Sünder. *(Imprimatur Fatimae, 13 Mensis, Mai 1960, †Johannes Episkopus Leiriensis)*

Aufopferungsgebet

Ewiger Vater, durch das unbefleckte Herz Mariens opfere ich Dir Jesus, Deinen vielgeliebten Sohn, auf. Durch sein bitteres Leiden, sein kostbares Blut und seinen Tod am Kreuz bekehre die Sünder, rette die Sterbenden, erlöse die Armen Seelen aus dem Fegfeuer, heilige die Priester, die Ordensangehörigen und die Familien. Darum bitten wir Dich durch unseren Herrn Jesus Christus, der mit Dir lebt und herrscht in der Einheit des Heiligen Geistes, jetzt und in alle Ewigkeit. Amen.

Die Familie muß wieder als das Heiligtum des Lebens angesehen werden (Centesimus annus Nr. 39, das Sozialrundschreiben zum hundertsten Jahrestag von RERUM NOVARUM)

Familienweihe-Gebet

Göttlicher Heiland, gedenke, daß sich unsere Familie Deinem Heiligsten Herzen geweiht hat, beschütze und verteidige sie als Dein Gut und Dein Eigentum. Amen!

Gebet vor dem eucharistischen Herrn

Jesus, ich danke Dir, daß Du wahrhaft, wirklich und wesentlich, mit Gottheit und Menschheit, im Geheimnis des heiligsten Altarsakramentes gegenwärtig bist. Du hast gesagt: Bittet und ihr werdet empfangen, suchet und ihr werdet finden, klopfet an und es wird euch aufgetan werden. Siehe, ich komme und klopfe an. Ich bitte Dich: Schenke uns heilige Familien, Priester und Ordensleute!

Jesus, Du hast gesagt: Um was ihr immer den Vater in meinem Namen bitten werdet, er wird es euch gewähren. Siehe, in Deinem Namen erbitte ich von Deinem Vater die Gnade: Schenke uns heilige Familien, Priester und Ordensleute!

Jesus, Du hast gesagt: Himmel und Erde werden vergehen, aber meine Worte werden nicht vergehen. Siehe, im Vertrauen auf die Unfehlbarkeit Deiner Worte bitte ich Dich: Schenke uns heilige Familien, Priester und Ordensleute!

Heiligstes Herz Jesu, ich vertraue auf Dich! Heiligstes Herz Jesu, es ist Dir nicht möglich, mit uns Elenden kein Mitleid zu haben. Erbarme Dich über uns Sünder und gewähre uns durch das Unbefleckte Herz Mariens, Deiner und unserer Mutter, die Gnade, um die wir Dich bitten. Amen.

Kurzgebete in großer Not

Herr, hilf mir, sonst gehe ich zugrunde.

Alles kann ich in dem, der mich stärkt.

Heiligstes Herz Jesu, ich vertraue auf Dich!
Mein Jesus, birg uns in Deiner heiligen Seitenwunde!

Laß mich Dir allein vertrauen, Du mein Gott, mein Alles!

Mein Jesus, Barmherzigkeit!

Ich trage jederzeit Gott in meinem Herzen, und ich habe mich dem Unbefleckten Herzen Mariens geweiht.

Gebete zum Heiligen Geist

Am 29. November 1972 sagte Papst Paul VI. anläßlich der Generalaudienz: „Wir Christen brauchen als allererstes das Gebet zum Heiligen Geist und zur Mutter Gottes, die uns zu ihm führt, genauso, wie sie uns zu Christus trägt. Er ist der Lebensspender, der Heiligmacher; er ist der Friede und die Freude, Unterpfand und Anfang des seligen und ewigen Lebens. Wir müssen im Heiligen Geist leben und ganz von seiner Liebe durchdrungen und erfüllt sein, um ein Leben im Dienste der Liebe zu Gott und dem Nächsten leben zu können."

V Komm, Heiliger Geist, erfülle die Herzen Deiner Gläubigen.

A Und entzünde in ihnen das Feuer Deiner Liebe.

V Sende aus Deinen Geist und alles wird neu geschaffen.

A Und Du wirst das Angesicht der Erde erneuern.

V Lasset uns beten! O Gott, Du hast die Herzen der Gläubigen durch die Erleuchtung des Heiligen Geistes belehrt; laß uns in diesem Geiste, was recht ist, erkennen und seines

Trostes uns allzeit erfreuen. Durch Christus, unsern Herrn.

A Amen.

Atme in mir, Du Heiliger Geist!
Daß ich Heiliges denke.
Treibe mich, Du Heiliger Geist!
Daß ich Heiliges tue.
Locke mich, Du Heiliger Geist!
Daß ich Heiliges liebe.
Stärke mich, Du Heiliger Geist!
Daß ich Heiliges behüte.
Hüte mich, Du Heiliger Geist!
Daß ich es nimmermehr verliere.
(Hl. Augustinus)

Pfingstsequenz

Komm herab, o Heiliger Geist,
der die finstre Nacht zerreißt,
strahle Licht in diese Welt.

Komm, der alle Armen liebt,
komm, der gute Gaben gibt,
komm, der jedes Herz erhellt.

Höchster Tröster in der Zeit,
Gast, der Herz und Sinn erfreut,
köstlich Labsal in der Not.

In der Unrast schenkst Du Ruh,
hauchst in Hitze Kühlung zu,
spendest Trost in Leid und Tod.
Komm, o Du glückselig Licht,
fülle Herz und Angesicht,
dring bis auf der Seele Grund.

Ohne Dein lebendig Wehn
kann im Menschen nichts bestehn,
kann nichts heil sein noch gesund.
Was befleckt ist, wasche rein,
Dürrem gieße Leben ein,
heile Du, wo Krankheit quält.
Wärme Du, was kalt und hart,
löse, was in sich erstarrt,
lenke, was den Weg verfehlt.

Gib dem Volk, das Dir vertraut,
das auf Deine Hilfe baut,
Deine Gaben zum Geleit.

Laß es in der Zeit bestehn,
Deines Heils Vollendung sehn
und der Freuden Ewigkeit.
Amen.

Hymnus Veni Creátor Spíritus

Komm, Schöpfer Geist, kehr bei uns ein,
besuch das Herz der Kinder Dein,
die Deine Macht erschaffen hat,
erfüll uns all mit Deiner Gnad.

Der Du der Tröster wirst genannt,
vom höchsten Gott ein Gnadenpfand,
Du Lebensbrunn, Licht, Lieb und Glut,
der Seele Salbung, höchstes Gut.

O Schatz, der siebenfältig ziert,
o Finger Gottes, der uns führt,
Geschenk, vom Vater zugesagt,
Du, der die Zungen reden macht.

Zünd an in uns des Lichtes Schein,
gieß Liebe in die Herzen ein,

stärk unsres Leibs Gebrechlichkeit
mit Deiner Kraft zu jeder Zeit.

Treib weit von uns des Feinds Gewalt,
in Deinem Frieden uns erhalt,
daß wir, geführt von Deinem Licht,
in Sünd und Elend fallen nicht.

Den Vater auf dem ewgen Thron
lehr uns erkennen und den Sohn;
Dich, beider Geist, sein wir bereit
zu preisen gläubig allezeit.

Das Unbefleckte Herz Mariens ist das goldene Tor durch das der göttliche Geist seinen Weg nimmt, um zu uns zu gelangen. Darum bitten wir oft:

Komm, Heiliger Geist, komm durch die mächtige Fürsprache des unbefleckten Herzens Mariens, Deiner so geliebten Braut.

Gebete zum heiligsten Herzen Jesu

Die Verheißungen an die hl. Margareta Maria Alacoque für die rechte Verehrung des heiligsten Herzens Jesu

1. Ich werde ihnen alle ihrem Stande notwendigen Gnaden erteilen.

2. Ich werde ihren Familien den Frieden verleihen.

3. Ich werde sie in allen Leiden trösten.

4. Ich werde im Leben und besonders in der Todesstunde ihre sichere Zufluchtsstätte sein.

5. Ich werde alle ihre Unternehmungen mit reichlichem Segen begleiten.

6. Die Sünder werden in Meinem Herzen die Quelle und das unendliche Meer der Barmherzigkeit finden.

7. Die lauen Seelen werden eifrig werden.

8. Die eifrigen Seelen werden sich schnell zu einer großen Vollkommenheit erheben.

9. Ich werde selbst die Häuser segnen, in denen das Bild Meines heiligsten Herzens aufgestellt und verehrt wird.

10. Den Priestern werde Ich die Gabe verleihen, die härtesten Herzen zu rühren.

11. Die Namen derjenigen, welche diese Verehrung fördern, werden in Meinem Herzen eingeschrieben und nie daraus getilgt werden.

12. Ich verspreche Dir im Übermaß der Barmherzigkeit Meines Herzens, daß Seine allmächtige Liebe allen denjenigen, welche an neun aufeinanderfolgenden ersten Monatsfreitagen die heilige Kommunion empfangen, die Gnade eines bußfertigen Todes verleihen wird; sie werden nicht in meiner Ungnade, noch ohne Empfang der heiligen Sakramente sterben, in dem Mein göttliches Herz sich als sichere Zufluchtsstätte in diesem letzten Augenblick erweisen wird.

Aufopferungsgebet des Gebetsapostolates

Das Gebetsapostolat ist eine kirchliche Gebetsvereinigung, die 1844 im Jesuitenorden seinen Anfang nahm, seither in der ganzen Weltkirche Verbreitung fand und seit ihrem Entstehen von allen Päpsten sehr gefördert und empfohlen wurde. Die Aufgabe der Mitglieder des Gebetsapostolates besteht darin, im Geiste der Herz-Jesu-Verehrung und Sühne täglich für die Intentionen des Hl. Vaters, der jeden Monat eine allgemeine Intention und eine besondere für die Missionen bestimmt, zu beten. Das Aufopferungsgebet, das die Mitglieder und viele Gläubige täglich am Morgen verrichten, heißt:

Göttliches Herz Jesu! Im Gedenken an Deine Liebe zu uns opfern wir Dir heute auf unser Beten und Arbeiten, unsere Leiden und Freuden. Wir vereinigen alles mit Deinem Opfer, das Du am Kreuz dem himmlischen Vater dargebracht hast und täglich auf unseren Altären

erneuerst, zur Sühne für unsere Sünden und für die Ausbreitung Deines Reiches auf Erden. Insbesondere beten und opfern wir in jenen Anliegen, die der Heilige Vater für diesen Monat bestimmt hat (hier fügen wir die monatlichen Gebetsmeinungen des Hl. Vaters ein).
Das alles tun wir in Gemeinschaft mit dem unbefleckten Herzen Marias.

Gebet für das Vaterland und für wichtige Anliegen der Kirche und der Welt

Heiligstes Herz Jesu, erbarme Dich unseres Vaterlandes! Heiligstes Herz Jesu, gieße Deine reichsten Segnungen aus über unsere Mutter, die heilige Kirche, über den Heiligen Vater, über unsere Regierung, über die Bischöfe und Priester! Erhalte die Gerechten, bekehre die Sünder, erleuchte die Ungläubigen, segne unsere Verwandten und Freunde, stehe den Sterbenden bei, erlöse die armen Seelen von den Peinen des Fegefeuers und breite die milde Herrschaft Deiner Liebe über unser gesamtes Vaterland aus. Amen.

Lob sei dem heiligsten Herzen Jesu, unseres Königs, und dem unbefleckten Herzen seiner Mutter Maria! Amen.

Gebet in persönlichen Anliegen

Heiligstes Herz Jesu, Quelle alles Guten, ich bete Dich an, ich glaube an Dich, ich hoffe auf Dich, ich liebe Dich und bereue alle meine Sünden. Dir schenke ich dieses mein armes Herz, mache es demütig, geduldig, rein und in allem Deinen Wünschen entsprechend. Gib, o guter Jesu, daß ich in Dir und Du in mir lebst. Beschütze mich in Gefahren, tröste mich in Trübsal und Betrübnissen. Gewähre mir die Gesundheit des Leibes, Deinen Segen für alle meine Werke und die Gnade eines heiligen Todes. Amen.

Gebet zum heiligsten Herzen um einen guten Tod

Heiligen Herz Jesu
gib, daß mein tiefer Reueschmerz
das letzte Weh ist, das ich leide.

Heiliges Herz Jesu
gib, daß Dein heiliger Leib
die letzte Speise ist, die ich genieße,
damit ich ewig davon lebe.

Heiliges Herz Jesu
gib, daß Dein heiliger Name
das letzte Wort ist,
das mein sterbender Mund ausspricht.

Heiliges Herz Jesu
gib, daß Dein heiliges Antlitz
das erste ist,
das ich erblicke in der Ewigkeit.

Stoßgebete zum heiligsten Herzen Jesu

Göttliches Herz Jesu, bekehre die Sünder, rette die Sterbenden, befreie die Seelen aus dem Fegefeuer.

Ehre, Liebe, Dank dem heiligsten Herzen Jesu!

Geliebt sei überall das heiligste Herz Jesu!

Alles für Dich, heiligstes Herz Jesu!

Heiligstes Herz Jesu, ich vertraue auf Dich!

Heiligstes Herz Jesu, zu uns komme Dein Reich!

Gelobt, angebetet, geliebt und dankbar verehrt sei jeden Augenblick das Herz Jesu im heiligsten Sakrament in allen Tabernakeln der Welt bis zur Vollendung der Zeiten. Amen.

Herz Jesu, brennend in Liebe zu uns, entzünde auch unser Herz in Liebe zu Dir.

Jesus, sanftmütig und demütig von Herzen: bilde auch unser Herz nach Deinem Herzen.

Herz-Jesu-Litanei

V/A Herr, erbarme Dich.
V/A Christus, erbarme Dich.
V/A Herr, erbarme Dich.

V Christus, höre uns.
A Christus, erhöre uns.

V Gott Vater im Himmel,
A erbarme Dich unser. (jedesmal)
Gott Sohn, Erlöser der Welt
Gott Heiliger Geist
Heiliger dreifaltiger Gott

V Du Herz des Sohnes Gottes,
A erbarme Dich unser. (jedesmal)
Herz Jesu, im Schoß der Jungfrau Maria vom Heiligen Geist gebildet
Herz Jesu, mit dem Worte Gottes wesenhaft vereinigt
Herz Jesu, unendlich erhaben
Herz Jesu, Du heiliger Tempel Gottes

Herz Jesu, Du Zelt des Allerhöchsten
Herz Jesu, Du Haus Gottes und Pforte des Himmels
Herz Jesu, Du Feuerherd der Liebe
Herz Jesu, Du Wohnstatt der Gerechtigkeit und Liebe
Du Herz voll Güte und Liebe
Herz Jesu, Du Abgrund aller Tugenden
Herz Jesu, würdig allen Lobes
Herz Jesu, Du König und Mitte aller Herzen
Herz Jesu, in dem alle Schätze der Weisheit und Erkenntnis sind
Herz Jesu, in dem die ganze Fülle der Gottheit wohnt
Herz Jesu, das dem Vater wohlgefällt
Herz Jesu, aus dessen Gnade wir alle empfangen
Herz Jesu, Du Sehnsucht der Schöpfung von Anbeginn
Du Herz, geduldig und voll Erbarmen
Herz Jesu, reich für alle, die Dich anrufen
Herz Jesu, Du Quell des Lebens und der Heiligkeit

Herz Jesu, Du Sühne für unsere Sünden
Herz Jesu, mit Schmach gesättigt
Herz Jesu, wegen unserer Missetaten zerschlagen
Herz Jesu, bis zum Tode gehorsam

Du Herz, durchbohrt von der Lanze
Herz Jesu, Du Quelle allen Trostes
Herz Jesu, unsere Auferstehung und unser Leben
Herz Jesu, unser Friede und unsere Versöhnung
Herz Jesu, Du Opferlamm für die Sünder
Herz Jesu, Du Rettung aller, die auf Dich hoffen
Herz Jesu, Du Hoffnung aller, die in Dir sterben
Herz Jesu, Du Freude aller Heiligen

V Lamm Gottes, Du nimmst hinweg die Sünde der Welt; A Herr, verschone uns.
V Lamm Gottes ... A Herr, erhöre uns.
V Lamm Gottes ... A Herr, erbarme Dich.

V Jesus, gütig und selbstlos von Herzen,
A bilde unser Herz nach Deinem Herzen.

Lasset uns beten. – Gütiger Gott, aus dem geöffneten Herzen Deines Sohnes kommt die Fülle des Erbarmens. Hilf uns, daß wir seine Liebe nicht ohne Antwort lassen. Darum bitten wir durch ihn, Christus, unsern Herrn.
A Amen.

Novene zum heiligsten Herz Jesu

Jesus, der Du gesagt hast: Wahrlich sage ich euch, bittet und ihr werdet empfangen, suchet und ihr werdet finden, klopfet an und es wird euch aufgetan werden. Siehe, ich klopfe an, ich suche und bitte um die Gnade ...
Vaterunser, Gegrüßet, Ehre sei ... Heiligstes Herz Jesu, ich vertraue auf Dich.

Jesus, der Du gesagt hast: Wahrlich sage ich euch, um was immer ihr meinen Vater in mei-

nem Namen bitten werdet, das wird er euch gewähren. Siehe, ich bitte Deinen Vater in Deinem Namen um die Gnade ... .
Vaterunser, Gegrüßet, Ehre sei ... Heiligstes Herz Jesu, ich vertraue auf Dich.

Jesus, der Du gesagt hast: Wahrlich sage ich euch, Himmel und Erde werden vergehen, aber meine Worte niemals. Siehe, ich stütze mich auf die Unfehlbarkeit Deiner heiligen Worte, ich bitte Dich um die Gnade ...
Vater unser, Gegrüßet, Ehre sei .... Heiligstes Herz Jesu, ich vertraue auf Dich.

Die Herz-Jesu-Verehrung im Geiste der Bibel und der fast zweitausendjährigen kirchlichen Tradition bilde uns zu Christen, die ein Herz haben für Gott und die Menschen!

Gebete zu Jesus Christus, der sein Blut für uns vergossen hat

Ewiger Vater, ich opfere Dir auf das Kostbare Blut Jesu Christi zur Genugtuung für meine Sünden und für die Anliegen der heiligen Kirche. Amen.

O heiligste und unbefleckte Jungfrau, opfere Du dem ewigen Vater das Kostbare Blut Deines Sohnes auf, in der Meinung, daß diesen Tag (diese Nacht) eine Todsünde verhindert werde. (Ein „Gegrüßet seist Du, Maria“.)

O ewiger Vater, ich opfere Dir durch die Hände der unbefleckten Jungfrau Maria das Kostbare Blut Deines Sohnes für die Armen Seelen auf. Amen.

Ewiger Vater, ich opfere Dir auf den Leib und das Blut, die Seele und die Gottheit Deines über alles geliebten Sohnes, unseres Herrn Jesus Christus, um Verzeihung für unsere Sünden und für die Sünden der ganzen Welt zu erlangen! Amen.

Litanei vom Kostbaren Blute unseres Herrn Jesus Christus

V/A Herr, erbarme Dich.
V/A Christus, erbarme Dich.
V/A Herr, erbarme Dich.
V Christus, höre uns.
A Christus, erhöre uns.
V Gott Vater im Himmel,
A erbarme Dich unser. (jedesmal)
Gott Sohn, Erlöser der Welt
Gott Heiliger Geist
Heiliger dreifaltiger Gott

V Blut Christi, des Eingeborenen des ewigen Vaters,
A rette uns
Blut Christi, des menschgewordenen Wortes Gottes,
Blut Christi, des Neuen und ewigen Bundes,
Blut Christi, in der Todesangst zur Erde geronnen,
Blut Christi, bei der Geißelung vergossen,

Blut Christi, bei der Dornenkrönung verströmt,
Blut Christi, am Kreuze ausgegossen,
Blut Christi, Kaufpreis unseres Heiles,
Blut Christi, einzige Vergebung der Sünden,
Blut Christi, im Altarsakrament Trank und Reinigung der Seelen,
Blut Christi, Strom der Barmherzigkeit,
Blut Christi, Besieger aller bösen Geister,
Blut Christi, Starkmut der Märtyrer,
Blut Christi, Kraft der Bekenner,
Blut Christi, Lebensquell der Jungfrauen,
Blut Christi, Stütze der Gefährdeten,
Blut Christi, Linderung der Leidenden,
Blut Christi, Trost der Weinenden,
Blut Christi, Hoffnung der Büßenden,
Blut Christi, Zuflucht der Sterbenden,
Blut Christi, Friede und Wonne aller Herzen,
Blut Christi, Unterpfand des ewigen Lebens,
Blut Christi, Erlösung aus den Tiefen des Reinigungsortes
Blut Christi, aller Herrlichkeit und Ehre überaus würdig,

V Lamm Gottes, Du nimmst hinweg die Sünde der Welt; A Herr, verschone uns.
V Lamm Gottes ... A Herr, erhöre uns.
V Lamm Gottes ... A Herr, erbarme Dich.
V Du hast uns erlöst, o Herr, in Deinem Blute
A Und uns zu Deinem Gottesreich gemacht.

Lasset uns beten: Allmächtiger ewiger Gott, Du hast Deinen eingeborenen Sohn zum Erlöser der Welt eingesetzt und wolltest durch sein Blut Dich versöhnen lassen, so lasse uns denn, wir bitten Dich, den Lösepreis unseres Heiles verehren und durch seine Kraft vor den Übeln dieses Lebens auf Erden beschirmt werden, so daß wir uns im Himmel ewig seiner Frucht erfreuen dürfen. Durch ihn, Christus unseren Herrn. Amen.
Von Papst Johannes XXIII. am 24.2.1960 approbiert und herausgegeben.

Stoßgebet

Kostbares Blut Jesu, am Kreuze vergossen, segne dieses Haus, nimm es unter Deinen Schutz!

Gebet zu Jesus, der das Kreuz auf seinen Schultern trägt

„Er trug selbst sein Kreuz und ging hinaus an Ort, der Schädelstätte heißt, auf hebräisch Golgotha.“ (Joh 19,17.)
Dieses Gebet zum Herrn, der sein Kreuz trägt, das ihm eine tiefe Schulterwunde verursacht, stärke uns auf unserem Kreuzweg!

Mein lieber Jesus, Du sanftmütiges Gotteslamm! Ich sündiger Mensch will die heilige Wunde verehren, die der schwere Kreuzesbalken tief in Deine Schulter schnitt. Du mußtest dadurch einen besonders grausamen Schmerz erdulden. Ich bete Dich an, schmerzerfüllter Jesus. Aus tiefster Seele danke ich Dir für das Erdulden dieser so schmerzhaften Wunde. Erbarme Dich um dieser peinigenden, quälenden Wunde willen meiner Seele, die so sehr der Sühne bedarf! Vergib mir meine vielen Sünden, erhöre mich in meinen Anliegen und führe mich auf Deinem heiligen Kreuzweg voran heim ins ewige Leben! Amen.

Gebete zu Jesus, dessen Antlitz für uns entstellt wurde

Da spien sie ihm in sein Angesicht und schlugen ihn, andere gaben ihm Backenstreiche und sagten: „Weissage uns, Messias, wer ist es, der Dich geschlagen hat?“ (Mt 26, 67.68.)
Und die Soldaten flochten eine Krone aus Dornen und setzten sie auf sein Haupt und warfen ihm einen Purpurmantel um, traten auf ihn zu und sagten: „Sei gegrüßt, König der Juden“, und sie gaben ihm Ohrfeigen. (Joh 19,2-3.)
Die Verehrung des heiligsten Antlitzes, die Christus selbst dargebracht wird, bewirke die Reinigung des Menschenantlitzes, das leiblich und seelisch so leicht entstellt wird, und lasse es wieder zu Gottes Ebenbild werden!

Ewiger Vater, durch das unbefleckte Herz Mariens opfere ich Dir das allerheiligste, das anbetungswürdigste, von Blut und Wunden ganz entstellte schmerzerfüllte Antlitz Deines über alles geliebten Sohnes Jesus auf zur Sühne für die vielen Lästerungen Deines heiligen Namens und zur Bekehrung der armen Sünder. Amen.

Ich grüße Dich, ich bete Dich an, ich liebe Dich, o Jesus, mein Erlöser, aufs neue mit Schmach bedeckt durch die Gotteslästerungen, welche immerfort begangen werden. Ich opfere Dir in dem Herzen Deiner lieben Mutter die Huldigung aller Engel und Heiligen als einen Weihrauch und wohlriechenden Duft auf, indem ich Dich demütig bitte, kraft Deines heiligen Antlitzes in mir und in allen Menschen Dein durch die Sünde entstelltes Bild herzustellen und zu erneuern. Amen.

Der heilige Kreuzweg

„Den Ozean dieses Lebens kann keiner durchqueren, es sei denn auf dem Kreuzesholz Christi ... Laß Dich tragen von diesem Schiff, laß Dich tragen vom Holze! Glaube an den Gekreuzigten und Du wirst das Ziel erreichen!“ (Hl. Augustinus)

Die Verehrung des Leidens des Herrn fördere auch die Erkenntnis des Willens Gottes und seine Befolgung und trage bei zur Einheit der Christen, die uns von den Päpsten Johannes XXIII., Paul VI., Johannes Paul I. und Johannes Paul II. empfohlen wird. „Laß sie alle eins sein.“ (Jo 17,21.)

Kreuzwegandacht
von Bischof Dr Josef Cal. Fließer

Die Gebete zu dieser Kreuzwegandacht wurden von Bischof Dr. Josephus Cal. Fließer, Linz, zu den 14 Stationen des Kreuzwegs, der vom Knabenseminar Petrinum zur Wallfahrtskirche der Schmerzhaften Mutter auf dem Pöstlingberg führt, verfaßt.

Am Beginn jeder Station grüßen wir den Heiland und das heilige Kreuz:

V Wir beten Dich an, o Herr Jesus Christus, und preisen Dich.

A Denn durch Dein heiligstes Kreuz hast Du die ganze Welt erlöst.

Nun folgt das Stationsgebet.

Bei gemeinsamer Kreuzwegandacht kann der erste Teil des Stationsgebetes von einem Vorbeter, der zweite Teil, „Gib ...“ von der Gemeinschaft gebetet werden.

Nach dem Stationsgebet können wir noch ein Vaterunser und Gegrüßet seist Du, Maria, anfügen und verabschieden uns von der Station mit dem Gebet an den Erlöser:

V Erbarme Dich unser, o Herr, erbarme Dich unser.
A Und sei uns gnädig wegen Deines allerheiligsten Leidens.

Oder wir bitten die Mutter des Erlösers:

Heil'ge Mutter, drück die Wunden, die Dein Sohn für mich empfunden, tief in meine Seele ein!

1. STATION

Jesus wird zum Tode verurteilt
(Christus-Bekenntnis)

Jesus, Du hast Dich im Angesicht des Todes vor dem ungerechten Richter als Christus und König bekannt.
Gib uns Mut und Kraft, daß auch wir uns allezeit und überall in Wort und Tat als treue Christen bekennen, auch wenn wir deswegen einen Kreuzweg gehen müssen.

2. STATION

Jesus nimmt das Kreuz auf sich
(Der Wille des Vaters)

Jesus, Du hast das Kreuz willig angenommen, weil Du im Kreuz den Willen des himmlischen Vaters gesehen hast.
Gib, daß auch wir in Freud und Leid in freudigem Gehorsam sprechen: „Dein Wille geschehe, wie im Himmel also auch auf Erden!“

3. STATION

Jesus fällt das erste Mal unter dem Kreuze
(Die erste Sünde)

Jesus, unsere Sünden haben Dir das Kreuz so schwer gemacht, daß Du schon bald am Beginn des Kreuzweges zu Boden gefallen bist.
Gib, daß jeder von uns den Fall in die erste Sünde sein Leben lang bereue, weil sie der Anfang war von so viel Untreue und Undank.

4. STATION

Jesus begegnet seiner Mutter
(Trost der Mutter)

Jesus, Du hast auf Deinem bitteren Kreuzweg den Trost Deiner Mutter nicht entbehren wollen.
Gib, daß wir mit Dir und Deiner Mutter unseren Leidensweg gehen und in Euren heiligsten Herzen Kraft und Trost zur geduldigen Ausdauer finden.

5. STATION

Simon hilft Jesus das Kreuz tragen
(Nachfolge Christi)

Jesus, Du hast Simon zum Kreuztragen berufen.
Gib, daß auch wir immer besser Dein Wort verstehen: „Wer mein Jünger sein will, nehme sein Kreuz auf sich und folge mir nach!“

6. STATION

Jesus drückt sein Antlitz in den Schleier der Veronika ein
(Das Andenken seines Leidens)

Jesus, Du hast Veronika ein Abbild Deines blutüberströmten Antlitzes zum Andenken an Dein Erlöserleiden hinterlassen.
Gib, daß wir in dem Sakramente Deines Leibes und Blutes das lebendige Andenken Deines Leidens allzeit gläubig erkennen und dankbar verehren.

7. STATION

Jesus fällt das zweite Mal unter dem Kreuz
(Unsere Fehler und Nachlässigkeiten)

Jesus, unsere Fehler und Nachlässigkeiten, von denen wir nicht lassen wollen, haben Dich abermals unter der Last des Kreuzes zu Falle gebracht.
Gib uns mehr Liebe zu Dir; schenk uns mehr Eifer für das Gute und mehr Abscheu gegen alles, was Dir mißfällt.

8. STATION

Jesus mahnt die Frauen von Jerusalem
(Besserung zur rechten Zeit)

Jesus, Du hast die weinenden Frauen gemahnt, ihrer eigenen Sünden und des göttlichen Strafgerichtes zu gedenken.
Gib uns rechtzeitig wahre Selbsterkenntnis und die Gnade der Buße, ehe Deine Gerechtigkeit uns strafen muß.

9. STATION

Jesus fällt zum dritten Male unter dem Kreuze
(Unsere Sünden und Gewohnheiten)

Jesus, unsere wiederholten Sünden und bösen Gewohnheiten haben Dein Kreuz so sehr beschwert, daß diese Last größer war als Deine Kraft und so Dein Leib hilflos zur Erde sank. Vergib uns unsere Schuld! Möge Dein dreimaliges Niederfallen uns für immer von unseren wiederholten Sünden auferstehen lassen; möge Deine Schwäche uns Kraft geben zu einem aufrechten Wandel in Gnade und Wahrheit.

10. STATION

Jesus wird seiner Kleider beraubt
(Um Reinheit und Gotteskindschaft)

Jesus, Du hast aus Sühne für alle Zuchtlosigkeit der Menschen allen irdischen Gütern entsagt und alles Bittere freiwillig auf Dich genommen.
Gib uns Einsicht und Kraft, daß wir auf alles eher verzichten als auf den Schatz der Reinheit

und Gotteskindschaft, den uns Dein Sterben um den kostbaren Preis Deines Blutes erworben hat.

11. STATION

Jesus wird gekreuzigt
(Die große Liebe)

Jesus, Du hast Dich an das Kreuz heften lassen, das den Juden ein Ärgernis, den Heiden eine Torheit ist.
Gib, daß wir Christen in Deinem Kreuze das heilige Zeichen Deiner übergroßen Liebe zu uns sehen, und laß uns in der Liebe und Treue zu Deinem Kreuze durch nichts irre werden.

12. STATION

Jesus stirbt am Kreuz
(Die große Sühne)

Jesus, Du hast Dich im Tode am Kreuz für uns dem himmlischen Vater als vollkommenes Sühneopfer hingegeben, damit niemand verlorengehe, sondern alle das ewige Leben haben.

Gib, daß auch der größte Sünder an der Kraft Deines Sühneleidens in Reue und Vertrauen sich wieder aufrichte, führe alle Seelen in den Himmel, besonders jene, die am meisten Deiner Barmherzigkeit bedürfen.

13. STATION

Jesus wird in den Schoß seiner Mutter gelegt
(Teilnahme am Erlösungswerk)

Jesus, Du hast Maria, die Schmerzhafte Mutter, am innigsten an Deinem Erlöserleiden teilnehmen lassen und sie dadurch zur Mutter aller Erlösten gemacht.
Gib, daß auch wir als Glieder Deines geheimnisvollen Leibes alles Leid, das Du uns zuteilst, gerne annehmen, um in Dankbarkeit das Unsere beizutragen zur Entsühnung unserer eigenen Seele und zur Erlösung unserer Brüder.

14. STATION

Jesus wird ins Grab gelegt
(Durch Tod zum Leben)

Jesus, Du mußtest dies alles leiden und ins Grab hinabsteigen, um glorreiche Auferstehung feiern zu können.
Gib uns die Erkenntnis, daß der Jünger nicht über den Meister ist; auch für uns führt der Weg zur Auferstehung über Leid und Tod. Wer mit Dir leidet, wird mit Dir verklärt werden. Amen.

Kreuzweg um einen guten Tod

von Franz Vieböck

Zur Einstimmung

Herr, ich möchte Dich jetzt begleiten auf Deinem Weg in den Tod. Laß mich dabei mein Sterben ernst bedenken und mich heute schon darauf vorbereiten. Amen.

1. STATION

Jesus wird zum Tod verurteilt

V Wir beten Dich an, Herr Jesus Christus, und preisen Dich.

A Denn durch Dein heiliges Kreuz hast Du die Welt erlöst.

Herr, Dich haben Menschen zum Tod verurteilt, und Du nimmst das Urteil an. – Mir ist wie allen Menschen das Todesurteil gesprochen durch das Wort des Schöpfers: Gedenke, daß Du Staub bist und wieder zum Staub zurückkehren wirst! – In Demut nehme ich das Todesurteil an zur Sühne für meine Sünden.

V Erbarme Dich unser, o Herr, erbarme Dich unser!

A Und schenke uns die Gnade eines guten Todes!

2. STATION

Jesus nimmt das Kreuz auf sich

V Wir beten Dich an, Herr Jesus Christus, und preisen Dich.

A Denn durch Dein heiliges Kreuz hast Du die Welt erlöst.

Herr, Du nimmst das Kreuz auf Dich, das Werkzeug Deines Todes. – Was hast Du als Werkzeug meines Todes bestimmt? Herzinfarkt? Krebs? Autounfall? Siechtum? Was immer Du für mich bestimmt hast, ich glaube, daß Deine Weisheit und Liebe es für mich gewählt hat, und sage heute schon ja dazu.

V Erbarme Dich unser, o Herr, erbarme Dich unser!
A Und schenke uns die Gnade eines guten Todes!

3. STATION

Jesus fällt zum ersten Mal unter dem Kreuz

V Wir beten Dich an, Herr Jesus Christus, und preisen Dich.
A Denn durch Dein heiliges Kreuz hast Du die Welt erlöst.

Herr, Dein Kreuz drückt Dich zu Boden. – Mir wird es nicht besser gehen. Trotz aller Bereitschaft werden Stunden kommen, in denen ich unter der Last des Kreuzes zusammenbreche. Durch Deinen Fall gib mir die Kraft, nach solchen Stunden wieder aufzustehen!

V Erbarme Dich unser, o Herr, erbarme Dich unser!

A Und schenke uns die Gnade eines guten Todes!

4. STATION

Jesus begegnet seiner Mutter

V Wir beten Dich an, Herr Jesus Christus, und preisen Dich.

A Denn durch Dein heiliges Kreuz hast Du die Welt erlöst.

Herr, Deine Mutter hat Dich nicht allein gelassen auf Deinem letzten Weg. – Laß auch mich auf meinem Todesgang ihrer mütterlichen Teilnahme nicht entbehren. Maria, Heil der Kranken; Zuflucht der Sünder; Trösterin der Betrübten: Bitte für mich in jener Stunde!

V Erbarme Dich unser, o Herr, erbarme Dich unser!

A Und schenke uns die Gnade eines guten Todes!

5. STATION

Simon hilft Jesus das Kreuz tragen

V Wir beten Dich an, Herr Jesus Christus, und preisen Dich.

A Denn durch Dein heiliges Kreuz hast Du die Welt erlöst.

Herr, Du nimmst den Dienst Simons an, der Dir Dein Kreuz tragen hilft. – Ich bitte Dich heute schon für alle, die mein Kreuz mitbelasten wird: für den Arzt, für die Krankenschwestern und Pflegepersonen; für den Priester, der mir beistehen wird.

V Erbarme Dich unser, o Herr, erbarme Dich unser!

A Und schenke uns die Gnade eines guten Todes!

6. STATION

Veronika reicht Jesus das Schweißtuch

V Wir beten Dich an, Herr Jesus Christus, und preisen Dich.

A Denn durch Dein heiliges Kreuz hast Du die Welt erlöst.

Herr, Du bleibst auch in Deinen Martern noch aufmerksam für den kleinsten Dienst, den man Dir erweist, und belohnst Veronika durch ein Wunder. – Laß mich in meiner Todeskrankheit nicht stumpf werden für die Liebesdienste meiner Mitmenschen. Hilf mir, sie wenigstens durch aufrichtige Dankbarkeit zu lohnen!

V Erbarme Dich unser, o Herr, erbarme Dich unser!

A Und schenke uns die Gnade eines guten Todes!

7. STATION

Jesus fällt zum zweiten Mal unter dem Kreuz

V Wir beten Dich an, Herr Jesus Christus, und preisen Dich.
A Denn durch Dein heiliges Kreuz hast Du die Welt erlöst.

Herr, Du fällst das zweite Mal, und ich sehe die Ungeduld der Soldaten und Henkersknechte. – Ich bitte Dich heute schon um Geduld für alle, die einmal Grund haben werden, meinetwegen ungeduldig zu sein.

V Erbarme Dich unser, o Herr, erbarme Dich unser!
A Und schenke uns die Gnade eines guten Todes!

8. STATION

Jesus spricht zu den weinenden Frauen

V Wir beten Dich an, Herr Jesus Christus, und preisen Dich.
A Denn durch Dein heiliges Kreuz hast Du die Welt erlöst.

Herr, die weinenden Frauen von Jerusalem, die Dich beklagen, ermahnst Du zur Buße und Sühne. – Laß mein Leiden und Sterben noch zu einer letzten stummen, aber eindrucksvollen Mahnung werden für meine Mitmenschen!

V Erbarme Dich unser, o Herr, erbarme Dich unser!
A Und schenke uns die Gnade eines guten Todes!

9. STATION

Jesus fällt zum dritten Mal unter dem Kreuz

V Wir beten Dich an, Herr Jesus Christus, und preisen Dich.
A Denn durch Dein heiliges Kreuz hast Du die Welt erlöst.

Herr, Dein dritter Fall! – Wenn Du mir einen langen Kreuzweg bestimmt hast, den die allmählich versiegenden Kräfte kaum mehr bewältigen können, dann bitte ich heute schon: Leiden Christi, stärke mich!

V Erbarme Dich unser, o Herr, erbarme Dich unser!
A Und schenke uns die Gnade eines guten Todes!

10. STATION

Jesus wird seiner Kleider beraubt

V Wir beten Dich an, Herr Jesus Christus, und preisen Dich.
A Denn durch Dein heiliges Kreuz hast Du die Welt erlöst.

Herr, man nimmt Dir alles, Deine letzten Kleider. – Loslösung von allem Irdischen wird mein Sterben verlangen. Hilf mir, daß ich mich beizeiten von allem Geschaffenen losschäle!

V Erbarme Dich unser, o Herr, erbarme Dich unser!
A Und schenke uns die Gnade eines guten Todes!

11. STATION

Jesus wird ans Kreuz genagelt

V Wir beten Dich an, Herr Jesus Christus, und preisen Dich.
A Denn durch Dein heiliges Kreuz hast Du die Welt erlöst.

Herr, Du wirst ans Kreuz genagelt. Herzlosigkeit, Haß und blinde Wut reichen bis an Dein Sterbebett. – Was immer man mit meinem Körper treiben wird, es wird aus dem Willen zu helfen entspringen und darum leichter zu ertragen sein. Laß alle Schmerzen meiner Todeskrankheit zum Segen werden für meine Mitmenschen!

V Erbarme Dich unser, o Herr, erbarme Dich unser!
A Und schenke uns die Gnade eines guten Todes!

12. STATION

Jesus stirbt am Kreuz

V Wir beten Dich an, Herr Jesus Christus, und preisen Dich.
A Denn durch Dein heiliges Kreuz hast Du die Welt erlöst.

Herr, ich vertraue, daß Du in Deinem Tod am Kreuz auch mein Sterben schon dem Vater dargebracht hast; daß Du Dein Sterbegebet auch für mich gesprochen: Vater, in Deine Hände empfehle ich meinen Geist. – Gib, daß ich in jener Stunde mit Dir sprechen darf: Vater, ich habe das Werk vollendet, das Du mir aufgetragen hast!

V Erbarme Dich unser, o Herr, erbarme Dich unser!
A Und schenke uns die Gnade eines guten Todes!

13. STATION

Jesus wird vom Kreuz abgenommen

V Wir beten Dich an, Herr Jesus Christus, und preisen Dich.

A Denn durch Dein heiliges Kreuz hast Du die Welt erlöst.

Herr, Deine Mutter hält Deinen entseelten Leib in ihren Armen. – Ich denke an die, die unter meinem Heimgang einmal leiden werden, und erbitte für sie heute schon die Gnade Deines Trostes.

V Erbarme Dich unser, o Herr, erbarme Dich unser!

A Und schenke uns die Gnade eines guten Todes!

14. STATION

Jesus wird ins Grab gelegt

V Wir beten Dich an, Herr Jesus Christus, und preisen Dich.

A Denn durch Dein heiliges Kreuz hast Du die Welt erlöst.

Herr, man bettet Dich ins Grab. – Wenn man meinen Leib in die Erde senkt, laß ihn Samenkorn sein, das abstirbt, um zu neuem, reicherem Leben aufzublühen!

V Erbarme Dich unser, o Herr, erbarme Dich unser!

A Und schenke uns die Gnade eines guten Todes!

V Lasset uns beten: Herr, ich danke Dir, daß Du mir auf dem Weg des Kreuzes und durch die Nacht des Todes vorausgegangen bist. In Dir und mit Dir laß mich mein Todesleiden und mein Sterben glücklich bestehen!

A Amen.

Gebete zu Maria

Die Grundgebete zur Muttergottes und das Rosenkranzgebet stehen auf S. 14-24 unter den Grundgebeten.
Von den vielen Mariengebeten, die im Laufe der Zeit und an verschiedenen Orten aufgekommen sind, werden hier einige angeführt:

Salve regina

Sei gegrüßt, o Königin, Mutter der Barmherzigkeit; unser Leben, unsere Wonne und unsere Hoffnung, sei gegrüßt! Zu Dir rufen wir, verbannte Kinder Evas; zu Dir seufzen wir trauernd und weinend in diesem Tal der Tränen. Wohlan denn, unsere Fürsprecherin, wende Deine barmherzigen Augen uns zu, und nach diesem Elend zeige uns Jesus, die gebenedeite Frucht Deines Leibes. O gütige, o milde, o süße Jungfrau Maria.
(Elend bedeutet Leben in der Fremde)

Unter Deinen Schutz und Schirm
fliehen wir, heilige Gottesmutter.
Verschmähe nicht unser Gebet in unseren Nöten,
sondern errette uns jederzeit aus allen Gefahren, o Du glorwürdige und gebenedeite Jungfrau, unsere Frau, unsere Mittlerin, unsere Fürsprecherin.
Führe uns zu Deinem Sohne, empfiehl uns Deinem Sohne, stelle uns vor Deinem Sohne.

Gedenke, o mildreichste Jungfrau Maria!
Niemals ist es gehört worden, daß Du jemand verlassen hättest, der zu Dir seine Zuflucht nahm, Deine Hilfe anrief und Dich um Deine Fürbitte anflehte.
Von solchem Vertrauen beseelt, eile ich zu Dir, o Jungfrau der Jungfrauen und Mutter. Zu Dir komme ich, seufzend stehe ich Sünder vor Dir. O Mutter des ewigen Wortes, verschmähe nicht meine Worte, sondern höre mich gnädig an und erhöre mich.
Amen.
(Hl. Bernhard von Clairvaux)

O meine Gebieterin, meine Mutter, ich opfere mich Dir ganz. Und um Dir meine Hingabe zu beweisen, weihe ich Dir heute meine Augen, meine Ohren, meinen Mund, mein Herz und mich ganz und gar. Da ich also Dein bin, o gute Mutter, so bewahre mich und beschütze mich als Dein Gut und Dein Eigentum. Amen.
(P. Zucchi S.J.)

Weihegebet an Maria

Maria, Jungfrau, Mutter und Königin, mit Dir gehöre ich Gott.
Ich weihe mich heute in besonderer Weise auch Deinem unbefleckten Herzen. Ich schenke Dir Leib und Seele, Leben und Sterben, was ich bin und was ich habe. Ich will Dein Eigentum sein. Laß mir die Gnade zuteil werden, meine christliche Berufung zu erkennen und leben zu können.
Heilige Jungfrau, hilf mir, daß ich mich dem Wirken des Hl. Geistes so überlasse wie Du. Sei Du meine Mutter, damit ich mich wie Du

mit grenzenlosem Vertrauen dem Vater im Himmel übergebe.
Sei Du meine Herrin und Königin, damit ich wie Du Jesus nachfolge, wohin immer er mich führt.
Laß mich zu Deinen Kindern gehören, die Du persönlich liebst und leitest, die Du umsorgst und denen Du Zuflucht bist.
Bewahre und beschütze mich als Dein Gut und Eigentum.
Durch diese Weihe will ich nun mein Leben ganz nach Deinem Vorbild und Deinen Wünschen ausrichten:
Ich bemühe mich, als echter Christ nach dem Evangelium Jesu Christi zu leben.
Ich bemühe mich, den Rosenkranz zu beten und für die Bekehrung der Sünder Opfer zu bringen.
Ich bemühe mich, nach Kräften mitzusorgen, daß Deine Kirche heilige Familien, heilige Priester und heilige Ordensleute hat.
Ich bemühe mich, dem Heiligen Vater treu zu bleiben und für ihn zu beten. Amen.

Gebet zu Maria, Hilfe der Christen

Maria, Du mächtige Jungfrau, Du bist die hohe, ruhmvolle Schützerin der Kirche, die wunderbare Hilfe der Christen.
Du bist furchtbar wie ein zum Kampfe gerüstetes Kriegsheer. Du allein hast alle Irrlehren auf der ganzen Welt vernichtet.
In unseren Nöten, unseren Kämpfen, unseren Bedrängnissen schütze uns wider den Feind, und in der Stunde unseres Todes nimm unsere Seele auf in den Himmel. Amen.
(Hl. Johannes Bosco)

Gebet zu Unserer Lieben Frau von Montserrat

Gott, Du Spender alles Guten, der Du diesen auserwählten Berg durch die besondere Verehrung der Mutter Deines eingeborenen Sohnes verherrlichst, gewähre uns, daß wir durch die mächtige Hilfe der unbefleckten, allzeit jungfräulichen Mutter Maria zum Berg, der Christus ist, sicher gelangen mögen.

Durch denselben Christus, unsern Herrn. Amen.
(Montserrat ist Hauptwallfahrtsort Spaniens.)

Gebet zu Unserer Lieben Frau von Lourdes

Heilige Jungfrau, in Deiner himmlischen Glorie vergiß doch nicht das Elend dieser Erde. Blicke erbarmungsvoll hernieder auf alle, die leiden, die sich abmühen im Kampf mit den Widerwärtigkeiten und Bitternissen dieses Lebens.
Habe Mitleid mit all denen, die sich lieben und die getrennt sind!
Habe Mitleid mit all denen, die einsam und verlassen sind!
Habe Mitleid mit unserem schwachen Glauben!
Erbarme Dich derer, die wir lieben!
Erbarme Dich derer, die weinen, die beten, die zagen!
Gib allen Hoffnung und Frieden. Amen.
(Abbe Perreyve)

Gebet zu Unserer Lieben Frau von Fatima

Unsere liebe Frau vom Rosenkranz in Fatima, Du hast uns durch drei arme Hirtenkinder die Liebe zum Gebet, insbesondere zum Rosenkranzgebet, und den wahren Bußgeist als die zwei sichersten Mittel zur Erlangung des ewigen Heiles empfohlen. Wir bitten Dich, mache, daß wir in treuem Gehorsam gegen diese Deine mütterlichen Ratschläge den Weg zum Himmel gehen und gib, daß unser Volk unter Deinen Schutzmantel zurückkehre.
Amen. 3 Ave Maria

Gebet zur Mutter Gottes und unser aller Mutter

Heilige Maria, Mutter Gottes und unser aller Mutter!
Laß uns durch Dich, Du Gebenedeite, Gott, unserem Vater, immer näher kommen und treue Jünger Jesu, Deines Sohnes, werden.

Wir empfehlen Dir unsere Priester und Ordensleute und alle, die zum Dienst in der Kirche berufen sind, daß sie ihre Sendung am Volk Gottes treu erfüllen.
Wir empfehlen Dir unsere Familien, daß sie immer mehr zu glaubensfesten Hauskirchen werden.
Wir empfehlen Dir unsere Jugend, daß sie sich gläubig und rein für Ehe oder geistlichen Beruf bereite.
Wir empfehlen Dir unser Land und seine Bewohner, daß jeder nach Gottes Geboten lebe und damit Gottes Willen erfülle.
Wir selbst empfehlen uns Dir, daß wir mit Liebe und Treue als Kirche Gottes das Evangelium in dieser Zeit verwirklichen.
Breite Deinen Schutzmantel über uns, über die Kirche und die ganze Welt.

Unbeflecktes Herz Mariens,
sei unsere Rettung

Gebet zum unbefleckten Herzen Mariens

Mutter Christi und Mutter der Kirche, Deinem liebevollen Herzen empfehlen wir alle Not unseres Volkes an. Laß es wieder die wahren und unvergänglichen Werte erkennen, damit es dem Sog des Materialismus widerstehen kann. Schenke ihm heilige Priester, die – vom Erbarmen des Guten Hirten erfüllt – um die Größe ihrer Sendung wissen.
Rufe viele hingabefähige junge Menschen in die unmittelbare Nachfolge Christi. Hilf den Eheleuten, aus der Kraft des Sakramentes in liebevoller Treue zu leben. Zeige unserer Jugend den Weg zu einem reinen, sinnerfüllten Leben; schütze Du die Ungeborenen und gib, daß sich auch verhärtete Herzen unter dem Einfluß Deiner Liebe wieder der Gnade Gottes auftun.
Führe auch uns, die wir ganz Dein sein wollen, immer tiefer hinein in das Leben mit dem dreifaltigen Gott. Amen.

(Herz-Marien-Karmel Mariazell)

Gebet zu Maria, unserer Trösterin

Bedrängt von Nöten, seufzend und weinend in meinem Elend nehme ich meine Zuflucht zu Dir, allerseligste Jungfrau Maria. Im Himmel bist Du die Königin der Engel und der Heiligen, aber hier auf Erden willst Du die Mutter des Trostes sein. Du bist die Trösterin und ich, Dein Kind, obgleich unwürdig, möchte Dir doch ähnlich werden, möchte getröstet werden. Ich bitte Dich nicht um Ehren, o Maria, nicht um eitle Freuden, nicht um Reichtum; ich bitte Dich um Trost. O gütigste Jungfrau, Dir vertraue ich mich ganz an. Sag ein Wort zu Jesus, den Du mit solcher Liebe in Deinen Armen hältst, und ich werde bald die Freude des Trostes spüren. Von Dir, o Maria, und von Deinem göttlichen Sohn getröstet, werde ich mit Geduld meine Not tragen: leicht wird mir das Leiden, süß das Sterben sein, und zu Füßen Deines Thrones werde ich ohne Unterlaß in Ewigkeit Dein Erbarmen preisen. Amen. 3 Ave Maria.

(Wallfahrtskirche La Consolata, Turin)

Hl. Maria, Du hohe Schutzfrau Österreichs!

Dir vertrauen wir dieses Land mit seinen Dörfern und Städten, ganz Österreich und seine Bewohner an.
Sein kostbares Erbe, das Christentum, möge weiterhin das Leben der Einzelnen und der Familien, das Leben der Gesellschaft und des Staates heilen und prägen.
Es helfe allen, den tiefsten Sinn ihres irdischen Lebensweges zu finden. Es wecke wieder Mut und Hoffnung für die Tage und Jahre, die kommen.
Führe uns mit unseren Freuden und Lasten zu Deinem Sohn, in das Heiligtum seines liebenden Herzens, damit er seinen Brüdern und Schwestern den Vater zeige, das selige Ziel unserer Wege.
(Aus dem Weihegebet Papst Johannes Paul II. vom 13. September 1983 in Mariazell)

Weihe-Erneuerung nach dem Weihegebet von Papst Johannes Paul II.

V Selig bist Du, Maria, die du geglaubt hast! So lobpreisen wir Dich zusammen mit Elisabeth. Selig bist Du, Mutter unseres Herrn Jesus Christus und Mutter der Kirche.

A Unser aller Mutter bist Du, die wir heute diese Wallfahrt zu unserem Dom unternommen haben.

V Vor Dir möchten wir dieses Gebet unserer Weihe aussprechen. Deinem reinen Herzen vertrauen wir alles an, was uns in dieser Stunde zutiefst bewegt: all unsere berechtigten Wünsche und Hoffnungen, zugleich aber auch unsere Sorgen und Leiden. Führe uns mit unseren Freuden und Lasten zu Deinem Sohn, in das Heiligtum seines liebenden Herzens, damit er seinen Brüdern und Schwestern den Vater zeige, das Ziel unserer Wege.

A Dir überantworten wir dieses Land mit seinen Dörfern und Städten, die ganze Diözese und ihre Bewohner.

V Unser kostbares Erbe, das Christentum, möge weiterhin das Leben der Einzelnen und der Familien, das Leben der Gesellschaft und des Staates heilen und prägen. Es helfe allen, den tiefsten Sinn ihres irdischen Lebensweges zu finden. Es wecke wieder Mut und Hoffnung für die Tage und Jahre, die kommen. Deinem mütterlichen Herzen, Maria, vertrauen wir vor allem diejenigen an, die von Leid und Schmerz bedrückt sind: Kranke und Behinderte, Männer und Frauen in schwierigen Ehen, Kinder in zerstrittenen Familien, Menschen mit drückenden Schulden, Arbeitslose, Entwurzelte, Strafgefangene. Wieviel Tränen, wieviel Angst, wieviel Dunkel auf dem Weg! Das Kreuz Deines Sohnes leuchte ihnen auf als Zeichen des unendlichen Erbarmens Gottes. Zeige ihnen die Gesinnung Christi, die es möglich macht, das Böse durch das Gute zu besiegen; durch tapfere Liebe zu einer neuen Lebenserfüllung zu gelangen. Nimm an, barmherzige Mutter, jeden selbstlosen Samariterdienst, jede freiwillig geschenkte Stunde im Dienst für den Nächsten in Bedrängnis!

A Ebenso empfehlen wir Dir die Menschen in der vollen Kraft ihres Lebens, / Männer und Frauen, / die für ihre Familie, / für ihren Berufsbereich, / für die Gemeinschaftsaufgaben im Lande verantwortlich sind.

V Laß sie in der Frohen Botschaft Licht und Kraft für ihre Pläne und Entscheidungen finden, geleitet von einem reifen christlichen Gewissen: die Väter und Mütter, die Lehrer und Ärzte, die Wissenschafter und Politiker, die Polizisten, Soldaten und Zivildiener und alle, die dem Gemeinwohl dienen. Zeige ihnen den leuchtenden Wert der Wahrheit, das hohe Gut der Gerechtigkeit, den stillen Glanz der Selbstlosigkeit!

A Deinen mütterlichen Schutz, Maria, / erbitten wir auch für die junge Generation: / Kinder, Burschen, Mädchen, / junge Frauen und Männer.

V Geleite sie behutsam Schritt für Schritt auf dem Weg christlicher Verantwortung für sich selbst und die Gemeinschaft: die Mutigen und die Starken, die Unternehmungslustigen und die Zupackenden; ebenso die Stillen, die Zögernden, die Abwägenden; die Lachenden und die Ernsten.

Laß in ihren Herzen das Licht jener Ideale nicht verlöschen, die dem Leben des Menschen seinen wahren Wert geben. Niemand soll sie auslöschen: weder die jungen Menschen selbst noch irgend jemand sonst.

Mutter, segne die Jugend, daß sie fähig werde, von sich selbst viel zu fordern und anderen viel zu geben, den Versuchungen einer Genußwelt zu widerstehen und dem Wohl ihres Nächsten zu dienen.

A Schließlich weihen wir Dir, Maria, / die Kirche Jesu Christi hier in Oberösterreich: / alle, die in ihr Verantwortung tragen und ihr dienen, / alle Hirten und Gläubigen in unserer Diözese.

V Die Kirche erfülle heute wie in Zukunft ihren Heilsauftrag: im Namen des Evangeliums Jesu Christi, in fester Einheit mit den anderen Ortskirchen der Weltkirche und mit dem Petrusamt in Rom, zum Wohl und Segen aller Menschen dieses Landes, der Einheimischen und der Zugezogenen, der Gläubigen und der Suchenden. Mutter der Kirche, zeige dem Volk in diesem Lande wieder den Weg, Berufungen zum Priestertum und Ordensleben in größerer Zahl zu entdecken und zu fördern. Möge sich zugleich das vielfältige Laienapostolat noch vertiefen und ausbreiten, die missionarische Verantwortung aller noch zunehmen. Magna Mater Austriae, segne die Kirche ganz Österreichs!

A Christus, Guter Hirt der Deinen, / nimm im Herzen Deiner Mutter unser ganzes Vertrauen, / unseren guten Willen, / unsere hochherzige Weihe entgegen. / Amen.

(Aus der Marienfeier zum 50-Jahr-Jubiläum der Weihe der Diözese Linz an das Unbefleckte Herz Mariens. Nach dem Weihegebet von Papst Johannes Paul II., Mariazell 1983)

Gebet zu Maria, der erhabenen Schutzfrau Österreichs

Maria, Du erhabene Schutzfrau Österreichs, breite Deine Hände aus über unser Volk und Land. Segne unsere Felder und Fluren, segne alle Stätten unserer Arbeit, segne unsere Dörfer und Städte, segne alle Menschen, die darin wohnen. Heilige unsere Familien. Führe die Jugend zu Christus. Erbitte den Regierenden Weisheit und Gerechtigkeit. Schenke dem Volke Einigkeit und Liebe. Bewahre unserem Land den Frieden und die Freiheit. Gib der Kirche unserer Heimat apostolischen Eifer. Laß alle Heimatlosen Heimat finden und führe unsere Toten zur ewigen Heimat. Heiliger Josef und heiliger Leopold*), laßt euch Land und Menschen empfohlen sein. Amen.

*) Hier können noch andere Diözesan- und Landespatrone genannt werden.

(Dieses Gebet entstand nach dem zweiten Weltkrieg in der Kath. Jugend Österreichs)

O Maria, ohne Sünde empfangen, bitte für uns, die wir zu Dir unsere Zuflucht nehmen, und für alle, die nicht ihre Zuflucht zu Dir nehmen, besonders für die Feinde der heiligen Kirche und für alle, welche Dir empfohlen sind.
(Miliz der unbefleckt Empfangenen, gegründet vom heiligen P. Maximilian Kolbe, Basilika des hl. Antonius, Padua.)

Lauretanische Litanei

V/A Herr, erbarme Dich.
V/A Christus, erbarme Dich.
V/A Herr, erbarme Dich.
V Christus, höre uns.
A Christus, erhöre uns.
V Gott Vater im Himmel
A erbarme Dich unser.
V Gott Sohn, Erlöser der Welt
A erbarme Dich unser.
V Gott Heiliger Geist
A erbarme Dich unser.
V Heiliger dreifaltiger Gott

A erbarme Dich unser.
Heilige Maria, A bitte für uns (jedesmal)
Heilige Jungfrau
Mutter Christi
Mutter der Kirche
Mutter der göttlichen Gnade
Mutter, Du Reine
Mutter, Du Keusche
Mutter ohne Makel
Mutter, Du viel Geliebte
Mutter, so wunderbar
Mutter des guten Rates
Mutter der schönen Liebe
Mutter des Schöpfers
Mutter des Erlösers

Du kluge Jungfrau
Jungfrau, von den Völkern gepriesen
Jungfrau, mächtig zu helfen
Jungfrau voller Güte
Jungfrau, Du Magd des Herrn

Du Spiegel der Gerechtigkeit
Du Sitz der Weisheit

Du Ursache unserer Freude
Du Kelch des Geistes
Du kostbarer Kelch
Du Kelch der Hingabe
Du geheimnisvolle Rose
Du starker Turm Davids
Du elfenbeinerner Turm
Du goldenes Haus
Du Bundeslade Gottes
Du Pforte des Himmels
Du Morgenstern
Du Heil der Kranken
Du Zuflucht der Sünder
Du Trost der Betrübten
Du Hilfe der Christen
Du Königin der Engel
Du Königin der Patriarchen
Du Königin der Propheten
Du Königin der Apostel
Du Königin der Märtyrer
Du Königin der Bekenner
Du Königin der Jungfrauen
Du Königin aller Heiligen

Du Königin, ohne Erbschuld empfangen
Du Königin, aufgenommen in den Himmel
Du Königin vom heiligen Rosenkranz
Du Königin der Familie
Du Königin des Friedens

V Lamm Gottes, Du nimmst hinweg die Sünde der Welt;
A Herr, verschone uns.
V Lamm Gottes, Du nimmst hinweg die Sünde der Welt;
A Herr, erhöre uns.
V Lamm Gottes, Du nimmst hinweg die Sünde der Welt;
A Herr, erbarme Dich.
V Lasset uns beten. - Gütiger Gott, Du hast allen Menschen Maria zur Mutter gegeben; höre auf ihre Fürsprache; nimm von uns die Traurigkeit dieser Zeit, dereinst aber gib uns die ewige Freude. Durch Christus, unsern Herrn.
A Amen.

Du bist voll der Gnade, und alle Geschöpfe preisen Dich: die Heerscharen des Himmels und die ganze Menschheit.
Du bist der Tempel Gottes, ein geistliches Paradies, strahlendes Licht der Jungfräulichkeit.
Unser ewiger Gott ist in Dir, Maria, Mensch geworden. Dein mütterlicher Schoß wurde zum Thron Gottes, Dein Leib hat ihn über alle Himmel erhoben.
Du bist voll der Gnade, die gesamte Schöpfung jubelt Dir zu: Ehre sei Dir!
(Hl. Basilius von Caesarea)

Gebet zur Mutter der immerwährenden Hilfe

Jungfrau, Mutter Gottes mein,
Laß mich ganz Dein eigen sein;
Dein im Leben, Dein im Tod,
Dein in Unglück, Angst und Not,
Dein in Kreuz und bittrem Leid,
Dein für Zeit und Ewigkeit!

Jungfrau, Mutter Gottes mein,
Laß mich ganz Dein eigen sein!
Mutter, auf Dich hoff und baue ich;
Mutter, zu Dir ruf und seufze ich;
Mutter, Du gütigste, steh mir bei;
Mutter, Du mächtigste, Schutz mir leih!
O Mutter, so komm, hilf beten mir;
O Mutter, so komm, hilf streiten mir;
O Mutter, so komm, hilf leiden mir;
O Mutter, so komm und bleib bei mir!
Du kannst mir ja helfen, o Mächtigste;
Du willst mir ja helfen, o Gütigste;
Du mußt mir nun helfen, o Treueste;
Du wirst mir auch helfen, Barmherzigste!
O Mutter der Gnade, der Christen Hort,
O Zuflucht der Sünder, des Heiles Port,
Du Hoffnung der Erde, des Himmels Zier,
Du Trost der Betrübten, ihr Schutzpanier!
Wer hat je umsonst Deine Hilfe erfleht!
Wann hast Du vergessen ein kindlich Gebet?
Drum ruf ich beharrlich in Kreuz und in Leid:
Maria hilft immer, sie hilft jederzeit!
Ich ruf voll Vertrauen in Leiden und Tod:

Maria hilft immer in jeglicher Not!
So glaub ich und lebe und sterbe darauf:
Maria hilft mir in den Himmel hinauf.
Jungfrau, Mutter Gottes mein,
Laß mich ganz Dein eigen sein!
Amen.
(G. Peda, Passau)

Hilf Maria!

Hilf Maria, es ist Zeit,
hilf, Mutter der Barmherzigkeit!
Du bist mächtig, uns aus Nöten
und Gefahren zu erretten;
denn wo Menschenhilf gebricht,
mangelt doch die Deine nicht.
Nein, Du kannst das heiße Flehen
Deiner Kinder nicht verschmähen.
Zeige, daß Du Mutter bist,
wo die Not am größten ist.
Hilf, Maria, es ist Zeit,
hilf, Mutter der Barmherzigkeit!
Amen.

Stoßgebete zu Maria

*Der heilige Franz von Assisi riet: „Sag **Ave Maria**, dann zittert die Hölle; dann fliehen die Teufel.“ Er hat es selbst immer wieder erfahren dürfen. Auch wir sollten diese zwei Worte – Worte des Himmels – immer wieder in körperlicher und seelischer Bedrängnis sprechen.*

O Maria, ohne Sünde empfangen, bitte für uns, die wir zu Dir unsere Zuflucht nehmen!
„Wundertätige Medaille“

Maria! – Mutter!

O Maria, Mutter der Barmherzigkeit, erlange uns von Gott den Frieden! Erbitte uns vor allem jene Gnaden, die in einem Augenblicke die Seelen umwandeln können! Amen.

Unbeflecktes Herz Mariä, Zuflucht der Sünder, bitte für uns!
Ein Gegrüßet seist Du, Maria

(Aus dem Weihegebet Pius XII. an das unbefleckte Herz Mariens)

Unsere liebe Frau von der Bundeslade, Königin des heiligen Landes, bitte für uns!

Unsere Liebe Frau von La Salette, Du Versöhnerin der Sünder, bitte ohne Unterlaß für uns, die wir zu Dir unsere Zuflucht nehmen.
(Von Pius XI. ausgezeichnetes Ablaßgebet).

Heilige Maria, Mutter Gottes, verhilf auch den Abgefallenen und den Irrenden zum wahren Glauben!

Maria mit dem Kinde lieb,
uns allen Deinen Segen gib!

Nos cum prole pia,
benedicat virgo Maria!

O Maria, Königin der heiligen Engel,
bitte für uns!

Mutter, rette uns durch die Liebesflamme Deines unbefleckten Herzens!

Unsere liebe Frau vom Berge Karmel, bitte für uns!

Sühnegebet zur hl. Kommunion am Herz-Mariä-Samstag

Maria zeigte den Kindern in Fatima ihr Herz umflochten mit Dornen (Sinnbild des ihr zugefügten Unrechts), und forderte zur Sühne auf. Sie stellte für die Sühnekommunion am ersten Samstag im Monat ihre besondere Fürbitte um den Weltfrieden und die Bekehrung Rußlands in Aussicht. Wer am ersten Samstag von fünf aufeinanderfolgenden Monaten nach guter Beichte die Kommunion empfängt, den Rosenkranz betet und eine Viertelstunde die Rosenkranzgeheimnisse betrachtet, dem erwirkt Maria die heilsnotwendigen Gnaden beim Tode.

V Am heutigen Tag wende ich mich an Dich, Herr Jesus Christus, und an Deine himmlische Mutter, um Euch Genugtuung zu leisten für die vielfachen Beleidigungen, die Euren Herzen zugefügt werden.

A Mein Herr und mein Gott! Ich glaube an Dich, ich bete Dich an, ich hoffe auf Dich und ich liebe Dich. Ich bitte Dich um Verzeihung für die, die nicht an Dich glauben, Dich nicht anbeten, nicht auf Dich hoffen und Dich nicht lieben.

V Ich bitte Dich auch um Verzeihung für alle, die Deine Liebe zu Deiner Mutter Maria nicht verstehen und nicht erkennen, wie sehr sie die Tochter des himmlischen Vaters ist, Deine jungfräuliche Mutter und die reine Braut des Hl. Geistes.

A Nimm an meine Hingabe und wende mein Herz dem Unbefleckten Herzen Deiner heiligen Mutter zu, die Du mit unaussprechlicher Liebe liebst. Erlaube mir, Deine Liebe zu ihr zu teilen, damit auch meine Liebe geordnet ist, tief und heilig. Nimm sie an als Ersatz für die Gleichgültigkeit, die Herzenskälte und die Feindseligkeit, die Dir und ihr von vielen entgegengebracht wird.

V Wenn es schon nicht verhindert werden kann, daß die Sünde Dich beleidigt und Deine Mutter immer wieder betrübt, so möge Dich mein guter Wille und mein kindliches Vertrauen ein wenig trösten. Es ist mein fester Vorsatz, mich immer neu zu bekehren und Dir die Hingabe und Deiner Mutter die Verehrung entgegenzubringen, die Du Dir wünschst.

A Mit dieser Huldigung verbinde ich meine vertrauensvolle Bitte: Da Du Deine Mutter mehr als alle anderen Geschöpfe mit Gnaden ausgezeichnet hast, da Du sie unter dem Kreuz uns allen zur Mutter gegeben hast, gewähre Du ihr auch, für Deine Kirche einzutreten. Erhöre mich, wenn ich ihr Unbeflecktes Herz anrufe. Schenke der Menschheit auf ihre Fürsprache den Frieden der Völker, die Freiheit der Kirche, die Bekehrung der Sünder und das Aufblühen des christlichen Lebens.

V Gedenke besonders der Völker des Ostens, die Deiner Hilfe heute so sehr bedürfen. Sie sind zusammen mit der ganzen Welt dem Unbefleckten Herzen Deiner Mutter geweiht. Schenke ihnen die Gnade der Bekehrung, wie sie es versprochen hat.

A Die ganze Menschheit in ihrer Not und ihrem Jammer sei immerdar ihrem mütterlichen Herzen geweiht, weil es Dein Wunsch ist, der Welt so Hilfe und Rettung zukommen zu lassen. Führe uns sicher durch die Stürme und Wirrungen dieser Zeit und schütze uns vor allen Nachstellungen des Bösen durch die fürbittende Kraft Deiner heiligen Mutter. Amen.

Gebete zum hl. Josef und zur Heiligen Familie

Memorare zum heiligen Josef

Heiliger Josef, reinster Bräutigam der Jungfrau Maria, mein liebevoller Beschützer, denke daran, man hat noch nie gehört, daß einer, der Deinen Beistand anrief, der zu Dir um Hilfe flehte, ohne Trost geblieben ist. Von diesem Vertrauen beseelt, komme ich zu Dir und empfehle mich Dir von ganzem Herzen. Verschmähe nicht meine Bitten, Pflegevater des Heilandes, sondern nimm sie in Güte auf. Amen.

Gebet zu Jesus, Maria und Josef

Jesus, Maria und Josef, euch schenke ich mein Herz und meine Seele.
Jesus, Maria und Josef, steht mir im Todeskampfe bei!

Jesus, Maria und Josef, möge meine Seele mit eurer Hilfe in Frieden scheiden. Amen.

Herr Jesus Christus! Auf die Fürbitte Deiner allerreinsten Jungfrau und Mutter Maria und Deines keuschen Nährvaters Josef bitten wir Dich: Segne unsere Familien und unser Volk! Verleihe uns Glaubenseifer, Sittenreinheit und tatbereite Nächstenliebe! Gib unserer Jugend echten Frohsinn, heilige Gottesfurcht und tapferen Einsatz für Dein Reich! Erwecke viele gute Priester- und Ordensberufe! Hilf den Eltern und Erziehern bei ihrer schweren und verantwortungsvollen Aufgabe. Verleihe uns allen, daß wir in dem gegenwärtigen Kampfe gegen die unheimliche Macht des Bösen einmütig standhalten und in Deinem Dienste treu verharren, damit wir alle zur himmlischen Heimat gelangen und Dich, o Herr, mit dem Vater und dem Heiligen Geiste in alle Ewigkeit schauen und preisen dürfen.
Amen.

Gebet zum heiligen Josef für die Sterbenden

Der selige Aloisius Guanella gründete am Beginn des 20. Jahrhunderts den Gebetskreuzzug für die Sterbenden unter dem Schutze des Sterbepatrons, des hl. Josef. In einer Zeit, in der der plötzliche Tod und auch der unvorbereitete Tod im Zunehmen sind, ist es verständlich, daß Papst Johannes XXIII. diese Gebetsvereinigung als „Seelsorge zeitwichtigster christlicher Nächstenliebe" bezeichnete. Das Vereinsgebet, das die Mitglieder und viele Gläubige täglich morgens und abends verrichten, heißt:

Heiliger Josef, Nährvater Jesu Christi und wahrer Bräutigam der seligsten Jungfrau Maria, bitte für uns und für alle die, welche an diesem Tag (in dieser Nacht) im Todeskampfe liegen !

Anmeldungen zum „Frommen Verein vom Hinscheiden des hl. Josef" können gerichtet werden an: Diözesandirektor des Josefs-Vereines

der Diözese Linz, Franz Kropfreiter Pf. i. R., Krankenhausseelsorger Spital d. Barmh. Brüder A-4014 Linz, Seilerstätte 2.
In Deutschland: Kloster St. Trudpert, D-7816, Post Untermünstertal.
Für die Schweiz: Kanisiuswerk, CH-1701 Freiburg/Schweiz.

Litanei zum heiligen Josef

V/A Herr, erbarme Dich.
V/A Christus, erbarme Dich.
V/A Herr, erbarme Dich.
V Christus, höre uns.
A Christus, erhöre uns.
V Gott Vater im Himmel
A erbarme Dich unser.
V Gott Sohn, Erlöser der Welt
A erbarme Dich unser.
V Gott Heiliger Geist
A erbarme Dich unser.
V Heiliger dreifaltiger Gott
A erbarme Dich unser.

Heilige Maria bitte für uns ! (jedesmal)
Heiliger Josef
Du erlauchter Sproß Davids
Du Licht der Patriarchen
Du Bräutigam der Gottesmutter
Du keuscher Beschützer der Jungfrau
Du Nährvater des Sohnes Gottes
Du sorgsamer Schützer Christi
Du Haupt der heiligen Familie
Du gerechter Josef
Du reiner Josef
Du weiser Josef
Du starkmütiger Josef
Du gehorsamer Josef
Du treuer Josef
Du Spiegel der Geduld
Du Freund der Armut
Du Vorbild der Arbeiter
Du Zierde des häuslichen Lebens
Du Beschützer jungfräulicher Seelen
Du Stütze der Familien
Du Trost der Bedrängten
Du Hoffnung der Kranken

Du Patron der Sterbenden
Du Schrecken der bösen Geister
Du Schutzpatron der heiligen Kirche

V Lamm Gottes, Du nimmst hinweg die Sünde der Welt;
A Herr, verschone uns.
V Lamm Gottes, Du nimmst hinweg die Sünde der Welt;
A Herr, erhöre uns.
V Lamm Gottes, Du nimmst hinweg die Sünde der Welt;
A Herr, erbarme Dich.
V Er hat ihn bestellt zum Herrn seines Hauses
A Zum Verwalter seines ganzen Besitzes.
V Lasset uns beten! Gott, Du hast in Deiner unendlich weisen Vorsehung den heiligen Josef zum Bräutigam Deiner heiligsten Mutter auserwählt. Wir bitten Dich: Da wir ihn hier auf Erden als Beschützer verehren, gib, daß wir ihn auch im Himmel zum Fürbitter haben dürfen ! Der Du lebst und herrschest als Gott in alle Ewigkeit.
A Amen.

„Immerwährender Liebesakt" der Kapuzinerschwester Consolata Betrone (1903–1946) *(in erweiterter Form):*

Jesus, Maria und Josef, ich liebe euch.
Rettet Seelen, rettet Priesterseelen!

Gebet für die Kirche

Gebet am Schluß der Rosenkranzandacht oder nach einem Gebet zur Mutter Gottes.

Zu Dir, heiliger Josef, fliehen wir in unserer Not. Wir haben Deine heilige Braut um ihre Hilfe angerufen, nun bitten wir vertrauensvoll auch um Deinen Schutz. Um der Liebe willen, die Dich mit der unbefleckten Jungfrau und Gottesmutter verbunden hat, um der väterlichen Liebe willen, mit der Du das Jesuskind umarmt hast, bitten wir Dich flehentlich: Schau gnädig auf das teure Erbe, das Jesus Christus mit seinem Blute erworben hat, und komm unserer Not durch Deine Macht zu Hilfe. Du hast in treuer Sorge gewacht über die heilige Familie; beschütze nun auch die auserwählte Nachkommenschaft Jesu Christi. Halte fern von uns, liebreicher Vater, jede Ansteckung durch Irrtum und Verderbnis. Starker Beschützer, steh uns vom Himmel aus gnädig bei im Kampfe mit der Macht der Finsternis. Wie Du einst das Jesuskind aus der höchsten Lebensgefahr errettet hast, so verteidige jetzt die heilige Kirche gegen alle Nachstellungen ihrer Feinde und gegen jede Widerwärtigkeit. Nimm uns alle unter Deinen beständigen Schutz, damit wir nach Deinem Beispiel und mit Deiner Hilfe heilig leben, selig sterben und die ewige Seligkeit im Himmel erlangen. Amen.

(Leo XIII.)

Gebete zu den heiligen Engeln

„Die Engel sind in der Himmelsstadt Jerusalem, von der wir noch ferne pilgern.
Darum schauen sie aus ihrer hohen Seligkeit in herzlicher Liebe auf uns hernieder und helfen uns nach Gottes Auftrag, daß auch wir einmal ins Heimatland gelangen."
(Hl. Augustinus)

Zu allen heiligen Engeln

O Gott, in wunderbarer Ordnung teilst Du Engeln und Menschen ihre Dienste zu; gewähre in Deiner Güte, daß Deine Engel hier auf Erden unser Leben beschirmen, wie sie allzeit dienend vor Dir stehen im Himmel.
Amen.

Gebet zum heiligen Erzengel Michael

Heiliger Erzengel Michael, verteidige uns im Kampfe, sei unser Schutz gegen die Bosheit und die Nachstellungen des bösen Feindes. Gott gebiete ihm; demütig flehen wir darum. Und Du, Fürst der himmlischen Heerscharen, stürze den Satan und die anderen bösen Geister, die zum Verderben der Seelen die Welt durchziehen, durch göttliche Kraft in die Hölle hinab.
Amen.

Gebete zum heiligen Schutzengel

Heiliger Schutzengel, Gottes liebende Sorge hat Dich mir zum Begleiter gegeben. Du bist sein Anruf an mein Gewissen: Verhilf mir zu klarer Entscheidung. Du bist seine führende Hand: Bleibe bei mir Tag und Nacht. Du bist sein machtvoller Arm: Kämpfe mit mir für sein Reich. Amen.

Mein heiliger Schutzengel!

Du bist vom ersten Tag meines Lebens an mein treuer Freund und sicherer Führer. Du schaust allzeit das Angesicht des heiligen Gottes.

Du siehst in meiner Seele das Bild Christi, unauslöschlich durch die Taufe eingeprägt. Dies Bild vor Entstellung zu hüten und in mir zur Vollendung zu bringen, bist Du stets bedacht. Du wachst Tag und Nacht über mich und bewahrst mich vor Gefahren. Du warnst und ermahnst mich, du hältst mich an zur Umkehr und Buße.

Für all die vielen und großen Wohltaten, die du mir erwiesen hast, danke ich dir von ganzem Herzen.

Ich bitte dich, sei auch in Zukunft mir Begleiter auf meinem Lebensweg. In Gefahren rette mich. Hilf mir, das Böse niederzuringen. Ermuntere mich zum Guten. Trage meine Gebete und Anliegen vor das Angesicht Gottes und geleite mich einst durch die Pforte des Todes in die ewige Heimat.

Amen.

Schutzengelgebete der Kinder

Schutzengel mein, ich bitte Dich:
Bewahre und behüte mich!
Du bist so mächtig, groß und schön,
ich darf an Deiner Seite gehn.
Laß mich mit Dir den Vater droben,
den Du im Himmel anschaust, loben,
und führ mich durch dies Erdental
zu seinem ewigen Hochzeitsmahl.
Amen.

Heiliger Schutzengel mein,
laß mich Dir empfohlen sein!
Steh in jeder Not mir bei,
halte mich von Sünden frei,
führe mich an Deiner Hand
in das himmlische Vaterland!
Amen.

Schutzengel-Litanei

V/A Herr, erbarme Dich.
V/A Christus, erbarme Dich.
V/A Herr, erbarme Dich.
V Christus, höre uns.
A Christus, erhöre uns.
V Gott Vater im Himmel
A erbarme Dich unser.
V Gott Sohn, Erlöser der Welt
A erbarme Dich unser.
V Gott Heiliger Geist
A erbarme Dich unser.
V Heiliger dreifaltiger Gott
A erbarme Dich unser.

Heilige Maria, Königin der Engel
bitte für uns! (jedesmal)
Heiliger Engel, mein Wächter
Heiliger Engel, Fürst des Himmlischen Hofes
Heiliger Engel, mein Ratgeber
Heiliger Engel, mein Verteidiger
Heiliger Engel, mein Freund

Heiliger Engel, mein Fürsprecher
Heiliger Engel, mein Patron
Heiliger Engel, mein Leiter
Heiliger Engel, mein Beschützer
Heiliger Engel, mein Tröster
Heiliger Engel, mein Bruder
Heiliger Engel, mein Lehrer
Heiliger Engel, mein Zeuge
Heiliger Engel, mein Helfer
Heiliger Engel, mein Führer
Heiliger Engel, mein Meister
Heiliger Engel, mein Erleuchter

V Lamm Gottes, Du nimmst hinweg die Sünde der Welt;
A Herr, verschone uns.

V Lamm Gottes, Du nimmst hinweg die Sünde der Welt;
A Herr, erhöre uns.

V Lamm Gottes, Du nimmst hinweg die Sünde der Welt;
A Herr, erbarme Dich.

V Bitte für uns o heiliger Schutzengel!

A Auf daß wir würdig werden der Verheißungen Christi.

V Lasset uns beten! Allmächtiger, ewiger Gott! Du hast in Deiner liebenden Fürsorge allen Glaubenden zum Schutz von Leib und Seele von Geburt an einen eigenen Engel als Wächter bestellt. Gib, daß ich ihn, den Du mir gegeben hast, geschützt durch Deine Gnade und seine Hilfe, zu behalten verdiene und mit ihm und allen heiligen Engeln der Glorie Deiner Anschauung im Himmel würdig werde. Der Du lebst und regierst in Ewigkeit.

A Amen.

Engel-Litanei

Engel Gottes, Du mein Wächter, erleuchte, bewahre und leite mich!

Herr, erbarme Dich unser!
Christus, erbarme Dich unser!
Herr, erbarme Dich unser!

Christus, höre uns!
Christus, erhöre uns!
Gott Vater vom Himmel! – Erbarme Dich unser!
Gott Sohn, Erlöser der Welt!
Gott Heiliger Geist!
Heilige Dreifaltigkeit, ein einiger Gott!
Heilige Maria – Bitte für uns!
Heilige Gottesgebärerin
Heilige Jungfrau über allen Jungfrauen
Heiliger Michael, der Du das Gottesvolk verteidigt hast
Heiliger Michael, der Du den Satan und seinen Anhang vom Himmel herabgestoßen hast
Heiliger Michael, der Du beim Sterben unserer Brüder die höllischen Kläger abwehrst
Heiliger Gabriel, der Du dem Daniel die Weissagung kundgetan hast
Heiliger Gabriel, der Du die Geburt und Bestimmung Johannes des Täufers verkündet hast
Heiliger Gabriel, der Du der Bote der Menschwerdung des göttlichen Wortes bist
Heiliger Raphael, der Du den Tobias heil zurückgeleitet hast

Heiliger Raphael, der Du den Dämon in die Wüste gejagt hast
Heiliger Raphael, der Du einer der Sieben bist, die vor Gottes Thron stehen
Ihr heiligen Engel, die Ihr um den Thron Gottes steht – Bittet für uns!
Ihr heiligen Engel, die ihr unaufhörlich Gott lobet und preiset
Ihr heiligen Engel, die Ihr unsere Finsternis zerstreuet
Ihr heiligen Engel, die Ihr den Menschen das Göttliche verkündet
Ihr heiligen Engel, die Ihr von Gott als Beschützer der Menschen beauftragt seid
Ihr heiligen Engel, die Ihr beständig das Angesicht des Vaters im Himmel schauet
Ihr heiligen Engel, die Ihr Freude empfindet über jeden Sünder, der Buße tut
Ihr heiligen Engel, die Ihr Lot aus der Mitte der Frevler geführt habt
Ihr heiligen Engel, die Ihr auf der Jakobsleiter auf- und niedersteigt
Ihr heiligen Engel, die Ihr auf Sinai dem Moses das Göttliche Gesetz übergeben habt

Ihr heiligen Engel, die Ihr Christi Geburt den Menschen kundgetan habt
Ihr heiligen Engel, die Ihr Christus in der Wüste gedient habt
Ihr heiligen Engel, die Ihr den Lazarus in Abrahams Schoß getragen habt
Ihr heiligen Engel, die Ihr leuchtend weiß am Grabe Christi gesessen seid
Ihr heiligen Engel, die Ihr am Jüngsten Tage Christus mit dem Zeichen des Kreuzes vorangehen werdet
Ihr heiligen Engel, die Ihr alle Ärgernisse im Reiche Christi verzeichnen werdet
Ihr heiligen Engel, die Ihr die Verdammten von den Gerechten trennen werdet
Ihr heiligen Engel, die Ihr die Gebete der Menschen zu Gott hintraget
Ihr heiligen Engel, die Ihr den Sterbenden Beistand leistet
Ihr heiligen Engel, die Ihr die geläuterten Armen Seelen zum Himmel heimbegleitet
Ihr heiligen Engel, die Ihr in der Kraft Gottes Wundertaten vollbringt

Ihr heiligen Engel, die Ihr zu Diensten der Menschen, der Erben des Heils, gesandt seid
Ihr heiligen Engel, die Ihr über Reiche und Provinzen gesetzt seid
Ihr heiligen Engel, die Ihr die Getreuen Gottes aus den Gefahren des Lebens gerettet habt
Ihr heiligen Engel, die Ihr den Märtyrern in ihren Qualen Trost gebracht habt
Alle Chöre der seligen Geister
Durch die Engel aus allen Gefahren – Erlöse uns, o Herr!
Aus den Listen des Teufels
Von aller Häresie und Trennung
Vom unvorbereiteten Sterben
Vom ewigen Tode
Wir Sünder – Wir bitten Dich, erhöre uns!
Durch Deine Engel
Daß Du uns verschonest
Daß Du uns verzeihest
Daß Du Deine heilige Kirche lenken und erhalten wollest
Daß Du den Heiligen Vater und alle christlichen Stände beschützen wollest

Daß Du den Völkern Frieden und Eintracht verleihen wollest
Daß Du allen gläubig Verstorbenen die ewige Ruhe schenken wollest.
Lamm Gottes, Du nimmst hinweg die Sünden der Welt, verschone uns, o Herr!
Lamm Gottes, Du nimmst hinweg die Sünden der Welt, erhöre uns, o Herr!
Lamm Gottes, Du nimmst hinweg die Sünden der Welt, erbarme Dich unser!

Lasset uns beten! Allmächtiger, ewiger Gott! Verleihe uns die Hilfe Deiner himmlischen Heerscharen, damit wir durch sie vor den drohenden Angriffen des bösen Feindes bewahrt bleiben und, durch das kostbare Blut unseres Herrn Jesus Christus und die Fürbitte der allerseligsten und unbefleckten Jungfrau Maria von jeder Not befreit, Dir wieder in Frieden dienen können. Durch Christus, unsern Herrn. Amen.

Kurze Gebete zu den heiligen Engeln

Heilige Erzengel Michael, Gabriel und Raphael, bittet für uns!

Alle Engel und Erzengel, bittet für uns!

Mein Engel, ich grüße Dich. Du bist mein Gefährte auf meinem Weg zu Gott. Du weißt, was er von mir verlangt. Sprich mir ins Herz, warne mich, rufe mich. Amen.

Engel Gottes, mein Beschützer, dem des ewigen Vaters Güte mich anvertraut, erleuchte mich, führe mich, beschütze mich!

Mein heiliger Engel, verlaß mich nicht, wenn mich der böse Feind anficht, behüte mich zu jeder Zeit, in Drangsal, Not steh' mir zur Seit', errette mich aus aller Qual, führ' mich zum ewigen Hochzeitsmahl.

Herr, laß meinen Engel, Deinen guten und feuerflammenden Diener, mir zur Rechten und zur Linken, vor und hinter mir, über und unter mir und um mich sein, daß er die bösen Geister vertreibe! *(Heinrich Cunrad, um 1600)*

Gebete zu den Heiligen

Gott bitten wir, daß er selbst uns Gutes verleihe oder Übles abwende. Zu den Heiligen hingegen beten wir, daß sie als Freunde Gottes bei ihm unsere Sachwalter und Fürsprecher seien. Daher wenden wir auch zwei verschiedene Bittformeln an. Zu Gott sagen wir: „Erbarme Dich unser", „erhöre uns", zu den Heiligen aber: „Bittet für uns." (Catechismus Romanus).
„Laßt uns anziehen den neuen Menschen, der nach Gott geschaffen ist in Gerechtigkeit und Heiligkeit der Wahrheit." Eph 4,24

Gebet zur Gottesmutter und zu den Heiligen für die Kirche

Lasset uns beten! O Gott, unsere Zuflucht und Kraft! Sieh gnädig auf das Volk, das zu Dir ruft. Nimm an die Fürbitte der glorreichen und unbefleckten Jungfrau und Gottesmutter Maria, ihres Bräutigams, des heiligen Josef, Deiner heiligen Apostel Petrus und Paulus und aller Heiligen. Erhöre barmherzig und gütig die Gebete, die wir für die Bekehrung der Sünder, für die Freiheit und Erhöhung unserer heiligen Mutter, der Kirche, darbringen. Durch Christus, unsern Herrn. Amen.

Allerheiligen-Litanei

V/A Herr, erbarme Dich.
V/A Christus, erbarme Dich.
V/A Herr, erbarme Dich.
V Christus, höre uns.
A Christus, erhöre uns.
V Gott Vater im Himmel
A erbarme Dich unser.
V Gott Sohn, Erlöser der Welt
A erbarme Dich unser.
V Gott Heiliger Geist
A erbarme Dich unser.
V Heiliger dreifaltiger Gott
A erbarme Dich unser.
V Heilige Maria

A bitte(t) für uns (jedesmal)
Heiliger Michael
Heiliger Gabriel
Heiliger Rafael
Ihr heiligen Engel

Heiliger Abraham
Heiliger Mose
Heiliger Johannes der Täufer
Heiliger Josef
Ihr heiligen Patriarchen und Propheten

Heiliger Petrus
Heiliger Paulus
Heiliger Andreas
Heiliger Johannes
Ihr heiligen Apostel und Evangelisten

Heiliger Gregor
Heiliger Ignatius
Ihr heiligen Päpste und Bischöfe

Heiliger Hieronymus
Heiliger Laurentius
Heiliger Pfarrer von Ars
Ihr heiligen Diakone und Priester

Heiliger Athanasius
Heiliger Augustinus
Heilige Theresia
Ihr heiligen Lehrer der Kirche

Heiliger Stephanus
Heilige Agnes
Ihr heiligen Märtyrer

Heiliger Benedikt
Heiliger Franziskus
Heilige Klara
Ihr heiligen Jungfrauen und Mönche

Heiliger Thomas Morus
Heilige Monika
Ihr heiligen Väter und Mütter

Ihr Heiligen unsres Landes
Ihr Heiligen unsres Bistums
Ihr heiligen Bekenner
Alle Heiligen Gottes

V Jesus, sei uns gnädig
A Herr, befreie uns
Sei uns barmherzig

Von allem Bösen
Von aller Sünde

Von der Versuchung durch den Teufel
Von Zorn, Haß und allem bösen Willen
Von Süchtigkeit und Unzucht
Von Stolz und Hochmut
Von Spott und Verrat
Von Gleichgültigkeit und Trägheit
Von Schwermut und Verzweiflung
Von Verblendung des Geistes
Von Verhärtung des Herzens
Von Unwetter und Katastrophen
Von Hunger, Krieg und Krankheit
Von der Vergiftung der Erde
Von einem plötzlichen Tode
Von der ewigen Verdammnis

Durch Deine Geburt und Dein heiliges Leben
Durch Dein Leiden und Sterben
Durch Deine Auferstehung und Himmelfahrt
Durch die Sendung des Heiligen Geistes
Durch Deine Gegenwart bis zum Ende der Zeit
Am Tag Deiner Wiederkunft
V Wir armen Sünder

A Wir bitten Dich, erhöre uns

Schütze Deine Kirche und leite sie

Erleuchte den Papst, unsern Bischof und alle Hirten

Erfülle alle Glieder der Kirche mit der Kraft des Heiligen Geistes

Erneuere Deine Kirche im Glauben, in der Hoffnung und in der Liebe

Öffne den Ungläubigen die Ohren für Deine Botschaft

Stärke Deine Kirche in Bedrängnis und Verwirrung

Gib ihren Feinden Einsicht und Umkehr

Führe Dein Volk zur Einheit

Schenke den Völkern der Erde Frieden und Freiheit

Bewahre sie vor Mißbrauch der Macht und allem Unrecht

Laß alle Menschen teilhaben an den Gütern der Erde

Erfülle uns mit Liebe und Barmherzigkeit

Segne alle, die uns Gutes tun

Daß die Eheleute fest bleiben in Treue

Daß Eltern und Kinder einander verstehen

Mach uns bereit zu Buße und Umkehr
Daß wir in Deinem Dienste bleiben
Daß Du uns wachend findest bei Deinem Kommen
Gib den Verstorbenen das ewige Leben

V Lamm Gottes, Du nimmst hinweg die Sünde der Welt;
A Herr, verschone uns.
V Lamm Gottes, du nimmst hinweg die Sünde der Welt;
A Herr, erhöre uns.
V Lamm Gottes, du nimmst hinweg die Sünde der Welt;
A Herr, erbarme Dich.

Lasset uns beten. – Barmherziger Gott, Du hilfst Deinen Dienern in ihrer Not und erhörst ihr Bitten. Wir danken Dir, denn Du hast uns Barmherzigkeit erwiesen. Bewahre uns vor Unheil und schenke uns Freude in Deinem Dienst. Durch Christus, unsern Herrn. Amen.

Gebet zum heiligen Judas Thaddäus

Großer Apostel Christi, heiliger Judas Thaddäus, Dir hat Jesus die Gnade verliehen, all denjenigen, die in harter Bedrängnis und fast hoffnungslosen Anliegen mit Vertrauen und mit Ergebung in Gottes heiligen Willen zu Dir flehen, ein wundertätiger Helfer und Beschützer zu sein. Von unbegrenztem Vertrauen beseelt, komme ich in dieser Stunde zu Dir. Ich bitte Dich, durch das Ansehen, das Du bei Jesus genießest, verlaß mich nicht, sondern hilf mir in meinen Anliegen und erhöre meine Bitte.
Amen.
Auch als Novene verwendbar

Litanei zu Ehren des heiligen Judas Thaddäus

V/A Herr, erbarme Dich.
V/A Christus, erbarme Dich.
V/A Herr, erbarme Dich.
V Christus, höre uns.
A Christus, erhöre uns.

V Gott Vater im Himmel
A erbarme Dich unser.
V Gott Sohn, Erlöser der Welt
A erbarme Dich unser.
V Gott Heiliger Geist
A erbarme Dich unser.
V Heiliger dreifaltiger Gott
A erbarme Dich unser.

Heilige Maria
bitte für uns (jedesmal)
Heilige Gottesgebärerin
Du Mutter vom guten Rate
Du Königin der Apostel
Du Königin aller Heiligen
Heiliger Judas Thaddäus
Du Blutsverwandter Jesu, Mariä und Josefs
Du glorwürdiger und glorreicher Apostel
Du gelehriger Schüler des göttlichen Meisters
Du wahrer Nachfolger Jesu
Du Wandler in der göttlichen Vorsehung
Du Zeuge des Glaubens
Du Liebhaber der Armut
Du Muster der Demut und Geduld

Du Lilie der Keuschheit
Du Flamme der göttlichen Liebe,
Du Stern der Heiligkeit
Du Gefäß der göttlichen Gnade
Du Schrecken der Hölle
Du Säule der heiligen Kirche
Du Tröster der Betrübten
Du Zuflucht der Sünder
Du Licht der Ratlosen
Du Stütze der Kleinmütigen
Du Stab der Verzweifelten
Du großer Wundertäter
Du gütiger Vermittler des göttlichen Segens
Du schneller Fürsprecher derer,
die Dich anrufen
Du getreuer Helfer derer,
die auf Dich vertrauen
Du williger Helfer der Notleidenden,
Du schneller Helfer in den verwickeltsten Angelegenheiten
Du mächtiger Fürbitter in hoffnungslosen Anliegen

Du liebreicher Beschützer aller Deiner Vereh-
rer
O Du mein besonderer Patron

V Lamm Gottes, Du nimmst hinweg die Sünde der Welt;
A Herr, verschone uns.
V Lamm Gottes, Du nimmst hinweg die Sünde der Welt;
A Herr, erhöre uns.
V Lamm Gottes, Du nimmst hinweg die Sünde der Welt;
A Herr, erbarme Dich.
V Christus, höre uns!
A Christus, erhöre uns!
Vater unser ... Gegrüßet seist du ...

V Unsere Augen schauen auf den Herrn, unsern Gott
A bis er sich unser erbarme

V Bitte für uns, heiliger Judas Thaddäus!
A Auf daß wir würdig werden der Verheißungen Christi.

V Herr, erhöre unser Gebet
A und laß unser Rufen zu Dir kommen.

Lasset uns beten:
Allmächtiger, ewiger Gott, wir flehen Deine Majestät demütig an, Du mögest durch die Fürbitte und Verdienste Deines Apostels Thaddäus, den wir andächtig verehren, die Fülle Deines Segens über uns ausgießen, durch Christus, unsern Herrn.
Amen.

Gebet zum heiligen Leopold

(Der hl. Leopold regierte von 1095 bis 1136 als Markgraf in Österreich. Die Bundesländer Ober- und Niederösterreich verehren ihn als ihren Landespatron)

Heiliger Leopold! Vierzig Jahre hast Du milde und weise in unsrem Lande regiert; Du warst bestrebt, die Deinen zu zeitlicher Wohlfahrt und zum ewigen Heile zu führen. Erbitte uns

den Segen für unsere Regierung, daß sie wie Du im Geiste Christi regiert, Gottes Ehre fördert und dem Wohl ihres Volkes dient.
Beschütze unsere Heimat, daß Gott sie bewahre vor Krankheit, Armut und Not! Erwirke uns dauernden Frieden und erhalte unserem Land den heiligen katholischen Glauben.
Heiliger Leopold, geleite uns durch dieses Leben, daß wir einst alle bei Dir uns finden in der ewigen Heimat, wo Christus lebt und herrscht von Ewigkeit zu Ewigkeit.
Amen

Gebet um Kindersegen für nahestehende Familien

O Gott, Du hast den Ehestand zur Erhaltung des Menschengeschlechtes eingesetzt und (N+N) in diesen Stand berufen.
Segne sie durch die Verdienste und die Fürbitte der jungfräulichen Gottesmutter Maria und der heiligen Anna mit einem Kinde!
Sieh herab, barmherziger Vater, auf ihr sehn-

süchtiges Verlangen und erfülle ihnen diesen Wunsch!
Stärke sie, damit sie nach dem schönen Vorbild der heiligen Anna treu und gewissenhaft die Pflichten christlicher Eltern erfüllen.
Aus Dankbarkeit will ich den Eltern nach Kräften helfen, ihre Kinder nach Deinem Willen zu erziehen, damit Dein heiliger Name durch sie von Geschlecht zu Geschlecht gelobt und gepriesen werde.
Um das bitte ich Dich durch Christus, unsern Herrn!
Amen.

Gebet zur heiligen Barbara, der Patronin der Sterbenden

Heilige Barbara, Du edle Braut,
Mein Leib' und Seel' sei Dir vertraut.
Sowohl im Leben als im Tod,
Komm mir zu Hilf' in letzter Not,
Hilf mir, daß ich vor meinem End'
Empfang das heil'ge Sakrament.

Gebet zur heiligen Rita in verzweifelten Anliegen

O heilige Rita, von Gott durch Wunder verherrlicht, Du besitzt das seltene Vorrecht, die besondere Patronin und Helferin in verzweifelten Fällen zu sein. Mit großem Vertrauen auf die Macht Deiner Fürbitte komme ich darum zu Dir, um in meinem gegenwärtigen Anliegen Dich um Hilfe anzurufen. Habe Mitleid mit mir! Würdige Dich, mein Gebet gnädig anzuhören. Bringe es vor den göttlichen Gnadenthron und erwirb mir durch Deine eifrige Fürbitte Erhörung in meinem Anliegen! Ich bin zwar wegen meines sündigen Wandels Deiner Fürbitte nicht würdig; aber das große Vertrauen, das ich zu Dir trage, verdient wohl, daß Du Dich meiner Sache annimmst. Ich bin gewiß, daß Du nicht auf die Verdienste siehst, sondern auf die Not und das Gebet derer, die Dich anrufen. So laß denn, o heilige Rita, mein inständiges Bitten Dein Herz durchdringen und laß mich nicht ungetröstet von Dir scheiden.

Ich verspreche Dir, zeitlebens Deiner Wohltaten eingedenk zu sein und Dich stets als meine besondere Patronin zu verehren und zu lieben. Amen.

Gebet zum heiligen Johannes von La Salle
(Stifter der Gesellschaft der Christl. Schulbrüder, Patron aller Lehrer und Erzieher)

O glorreicher heiliger Johannes von La Salle, Du Apostel der Kindheit und der Jugend, sei vom Himmel herab Führer und Beschützer unserer Jugend!
Lege Fürsprache für sie ein und steh ihr bei, damit sie, vor jeglichem Makel des Irrtums und der Verderbnis bewahrt, unserem Heiland Jesus Christus und dem unfehlbaren Oberhaupt der Kirche stets treu bleibt. Hilf uns, daß wir durch Ausübung der Tugenden, worin Du ein so bewunderungswürdiges Vorbild gewesen bist, dereinst auch an Deiner Herrlichkeit im himmlischen Vaterlande teilhaben mögen. Amen.

Litanei zum heiligen Johannes von Gott
(Stifter der Barmherzigen Brüder)

V/A Herr, erbarme Dich.
V/A Christus, erbarme Dich.
V/A Herr, erbarme Dich.
V Christus, höre uns.
A Christus, erhöre uns.
V Gott Vater im Himmel
A erbarme Dich unser.
V Gott Sohn, Erlöser der Welt
A erbarme Dich unser.
V Gott Heiliger Geist
A erbarme Dich unser.
V Heiliger dreifaltiger Gott
A erbarme Dich unser.

Heilige Maria
bitte für uns (jedesmal)
Heilige Gottesgebärerin
Heilige Jungfrau aller Jungfrauen

Heiliger Vater Johannes von Gott
Heiliger Stifter des Ordens der Barmherzigkeit
O eifriger Diener und Pfleger der armen Kranken

O heiliger Sammler und Wiederverteiler des Almosens
O Vater und Helfer der Notleidenden
O Spiegel der Barmherzigkeit
Der Du alle irdische Ehre verschmäht hast
Der Du Dich als einen Toren hast behandeln lassen
Der Du aus Liebe die armen Kranken aufgesucht hast
Der Du Christus in Gestalt eines armen Kranken die Füße gewaschen hast
Der Du Christus in Kindesgestalt getragen hast
Der Du vom Erzengel Raphael Brot für die Kranken erhalten hast
Der Du im Feuer unverletzt geblieben bist
Der Du mit prophetischem Geiste beseelt gewesen bist
Der Du große Sünder zu Gott bekehrt hast
Der Du knieend, mit dem Kreuze in der Hand, gestorben bist

V Lamm Gottes, Du nimmst hinweg die Sünde der Welt;
A Herr, verschone uns.

V Lamm Gottes, Du nimmst hinweg die Sünde der Welt;

A Herr, erhöre uns.

V Lamm Gottes, Du nimmst hinweg die Sünde der Welt;

A Herr, erbarme Dich.

V Christus, höre uns!

A Christus, erhöre uns !

V Bitte für uns, heiliger Vater Johannes von Gott!

A Auf daß wir würdig werden der Verheißungen Christi.

V Lasset uns beten!

Allmächtiger Gott! Sei ewig gepriesen in Deinem Diener und Bekenner Johannes von Gott, den du der Welt in einem so herrlichen Beispiele vorgestellt hast; ach, wir bitten Dich, entflamme doch unsere Herzen zur Nachfolge seiner heiligen Tugenden, besonders seiner Barmherzigkeit, damit wir dadurch verdienen, ewig Kinder Gottes genannt zu werden; durch Jesus Christus unsern Herrn. A Amen.

Gebet um Hingabe auf Fürbitte des hl. Richard Pampuri

Der hl. Richard Pampuri (1897–1930) war Barmherziger Bruder und selbstlos tätiger Arzt in Italien; er wurde am 1.11.1989 heiliggesprochen.

Großer Gott, Du rufst Menschen in Deine Nähe, die nichts von sich selbst erwarten, sondern alles von Dir erhoffen.
Du erhöhst die Demütigen, Du erhörst die Geduldigen; Du zeigst Dich den Reinen.
Gewähre mir, auf die Fürbitte der hl. Gottesmutter Maria, des hl. Richard Pampuri sowie aller Heiligen, die Gnade, daß ich mich ganz in Deine gütigen Vaterhände füge, daß ich mich ganz Deinem gnädigen Willen überlasse und daß ich ganz aus meinen tiefsten Sehnsüchten und Bedürfnissen lebe, einzig und allein im Vertrauen darauf, daß Deine Gnade an meine Schwäche und Ohnmacht anschließt und mich nach oben führt.
Dies erbitte ich im Geist der Kraft, der Liebe und der persönlichen Zurückhaltung vertrauensvoll. Amen.

Gebet um wahre Nächstenliebe auf Fürbitte des Seligen Bruders Peter Friedhofen

Der Selige Bruder Peter Friedhofen (1819–1860) gründete die Brüdergemeinschaft der Barmherzigen Brüder von Maria-Hilf. Sein Leben war geprägt von einer tiefen Gottes- und Nächstenliebe, einem unerschütterlichen Vertrauen auf Gott und die Hilfe der Gottesmutter Maria.

Allmächtiger, gütiger Gott, aus Liebe zu Dir hat der Selige Bruder Peter Friedhofen armen, kranken und alten Menschen geholfen und ihnen Mut zugesprochen.
Höre auf seine Fürsprache und erfülle auch uns mit dieser Liebe, damit wir allen Menschen Deine reiche Barmherzigkeit kundtun und getreu dem Kommen Deines Reiches dienen. Darum bitten wir durch Jesus Christus, Deinen Sohn, unseren Herrn und Gott, der mit Dir lebt und herrscht in Ewigkeit.

Gebet zum heiligen Dominicus Savio

Vater unser ... , Ehre sei Gott ...

Bitte für uns, heiliger Dominicus, daß wir würdig werden der Verheißungen Christi!

Lasset uns beten: O Gott, Du hast uns in Deinem heiligen Bekenner Dominicus einen starken Helfer und ein Vorbild frommer, reiner apostolischer Jugend geschenkt; gib uns um seiner Verdienste und Fürbitte willen, daß auch wir nach seinem Beispiel in der Liebe zu Dir und zu unseren Mitmenschen erstarken. Durch Christus unsern Herrn. Amen.

Gebet zum beiligen Antonius

Glorreicher heiliger Antonius, bevorzugter Gottesfreund und mildreicher Helfer in jeder Not, wir nehmen in unseren großen und schweren Anliegen ... unsere Zuflucht zu Dir. Bitte Du mit der seligsten Jungfrau Maria und dem heiligen Vater Franziskus für uns, damit wir starkmütig und mit Gottes Gnade den Weg gehen, den er zu unserem ewigen Heil bestimmt hat. Amen.

Gebet zu Ehren der heiligen Vierzehn Nothelfer

Allmächtiger und barmherziger Gott! Du hast mit besonderen Vorzügen Deine Auserwählten geschmückt: die Heiligen Georg, Blasius und Erasmus; Pantaleon, Vitus, Christophorus, Dionysius und Cariakus; Achatius, Eustachius und Aegidius; sowie die Jungfrauen Margareta, Barbara und Katharina; wir bitten Dich, verzeihe uns unsere Sünden, und um der Verdienste Deiner Heiligen willen befreie uns von allen Widrigkeiten und erhöre gnädig unsere Bitten. Durch unsern Herrn Jesus Christus, Deinen Sohn, der mit Dir lebt und herrscht in der Einheit des Heiligen Geistes, Gott von Ewigkeit zu Ewigkeit. Amen.
(Aus der Festmesse zu Ehren der hl.14 Nothelfer)

Gebete zu Jugendpatronen und für die Jugend

„Bleib Deines Schöpfers eingedenk in Deinen Jugendtagen“ Prd. 12,1

„Wer der Jugend die übernatürlichen Kraftquellen der Religion verschüttet, hat ihr damit die Kraft genommen, auch das natürliche Leben zu meistern.“ Kard. Faulhaber, Stimmen 25

Für die Jugend in Zeiten der Krankheit und Prüfung sei auf das Beispiel und die Verehrung des Hl. Richard Pampuri, Barmherziger Bruder und Arzt, hingewiesen. (Gebet S. 180)

Hören wir den Aufruf Pauls VI. an die Eltern: „Mütter, lehrt ihr eure Kinder die christlichen Gebete? Bereitet ihr sie im Einklang mit den Priestern auf die Sakramente der Kindheit und Jugend vor, auf Beichte, Kommunion und Firmung? Macht ihr es ihnen zur Gewohnheit, in Krankheit an das Leiden Christi zu denken, Maria und die Heiligen um ihre Hilfe zu bitten ? Betet ihr zu Hause den Rosenkranz? Und ihr Väter, könnt ihr mit euren Kindern beten, mit der ganzen Hausgemeinschaft, wenigstens von Zeit zu Zeit? Euer Beispiel durch Geradheit im Denken und Tun, das von gelegentlichem gemeinsamem Beten unterstützt wird, ist Unterricht aus dem Leben, ist Gottesdienst von hohem Wert; so bringt ihr Frieden in euer Heim: „Friede diesem Hause!" Merkt es euch: So baut ihr Kirche!"

Gebet zum heiligen Aloisius für die Jugend

Heiliger Aloisius, Gott gibt den Heiligen die Macht, lenkend in die Geschicke der Menschen einzugreifen. Deine Hilfe rufe ich an. Nicht für mich bitte ich, sondern für die Jugend. Du kennst ihre Schwäche, Du kennst ihre Stärke. Diese unterstütze, jene heile. Siehe die gefahrvollen Kämpfe, denen der einzelne ausgesetzt ist. Stark und treu muß sein, wer sich zum Glauben an die heilige, katholische Kirche bekennt. Da tut Heldengeist not. Ein Fünkchen von dem Heldengeist und der Heldenkraft, die Dich beseelten, die Dir den endgültigen Sieg über Deine inneren und äußeren Feinde verliehen. Sicherlich, zu Deiner Zeit war Dein Kampf schwer, aber zu unserer Zeit ist er nicht leichter. Sieh nur, wie heute vieles den Menschen zur Untreue an Christus verführen will. Steh uns zur Seite, daß wir treu sind in dieser treulosen Zeit. Amen.

Gebet der Eltern für die Standeswahl ihrer Kinder

O Gott, Du hast mir meine Kinder gegeben, um sie zu Deiner Ehre und Verherrlichung zu erziehen. Hilf mir, sie zu lehren, Dich zu erkennen, zu lieben und Dir zu dienen. Hilf mir, bei Ermahnungen mild, aber fest zu sein. Hilf mir, ein Vorbild und eine Aufmunterung für sie zu sein zum Wandel auf dem Wege Deiner Gebote und in der täglichen Annahme des Kreuzes. Und wenn es Dein heiliger Wille ist, so gewähre wenigstens einem von ihnen die große Gnade des Berufes zum Priester- oder Ordensstand, damit unsere Familie größeren Anteil an der Ausbreitung des Gottesreiches auf Erden haben möge. Amen.

Gebet zur heiligen Maria Goretti

Heilige Maria Goretti! Du hast, gestärkt durch Gottes Gnade, unerschrocken im jugendlichen Alter Dein Blut vergossen. Um Deine jungfräuliche Reinheit unbefleckt zu bewahren, hast Du entschlossen Dein Leben geopfert. Wende Deine Hilfe der armen Menschheit zu, die vom Wege des Heils so weit abgewichen ist! Zeige allen, besonders der Jugend, mit welchem Mut und mit welcher Bereitschaft alles aus Liebe zu Jesus geopfert werden muß, um ihn nicht zu beleidigen und die Seele nicht mit schwerer Sünde zu beflecken! Erlange uns vom Herrn den Sieg in den Versuchungen, Trost und Kraft im Leiden und alle Gnaden, die wir durch Dich erbitten wollen! Hilf uns, rein und fromm durch das Leben zu gehen, damit wir wie Du die ewige Herrlichkeit im Himmel erlangen! Amen.

Heiliger Stephanus, Laurentius, Wenzeslaus, Emmerich, Aloisius, Stanislaus Kostka, Johannes Berchmans, Gabriel Possenti, Dominicus Savio ...*), bittet für die männliche Jugend um einen starken Glauben und Sittenreinheit!
Heilige Agnes, Zäzilia, Johanna von Arc, Elisabeth von Thüringen, Margareta von Cortona, Rosa von Viterbo, Bernadette Soubirous, Bartolomäa Capitaneo, Gemma Galgani, Maria

Goretti ...*), bittet für die weibliche Jugend um Glaubenstreue und Herzensreinheit!
*\) *Hier können noch andere Jugendheilige eingefügt werden.*

Gebet um Mut bei den Jugendlichen nach dem Vorbild des seligen Marcel Callo
(Marcel Callo starb wegen seines Einsatzes für die katholische Arbeiterjugend mit 24 Jahren 1945 im KZ)
Herr, unser Gott, Du hast dem jungen Marcel Callo, Deinen Märtyrer, den Eifer eines Apostels gegeben. Unermüdlich hat er sich in seiner Heimat, im Arbeitslager und bis zu seinem Tod im Vernichtungslager Mauthausen unter den jungen Arbeitern für Dein Reich eingesetzt. Auf seine Fürsprache stärke unsere Jugend, daß sie den christlichen Glauben unter den Brüdern und Schwestern mit der gleichen Begeisterung und mit der gleichen Kühnheit bezeugt.
Darum bitten wir durch Christus, unsern Herrn. Amen.

Gnaden-Novene zu Ehren des heiligen Franz Xaver

Für gewöhnlich beginnend am 4. und endigend am 12. März, dem Jahrestag seiner feierlichen Heiligsprechung (1622).

O liebenswürdiger, gütiger hl. Franziskus!
Mit Dir bete ich die göttliche Majestät an und sage ihr innigsten Dank, hocherfreut über die ganz besonderen Gaben der Gnade und Glorie, die Dir in Deinem Leben und nach dem Tode zuteil wurden. Ich bitte Dich inständigst aus ganzem Herzen, Du wollest mir die Gnade erlangen, heilig zu leben und zu sterben. Ich bitte Dich auch, mir diese Gnade zu erhalten ... Und wenn das, was ich verlange, nicht zur Ehre Gottes und zum Heil meiner Seele gereicht, so erlange Du mir, was für beides am meisten förderlich ist. Amen.
Vater unser, Gegrüßet seist Du, Ehre sei ...

Kurze Anrufungen von verschiedenen Heiligen

Hl. Benedikt und hl. Bruder Klaus, bittet für die Völker der Welt um Einheit und Frieden!
Hl. Franz von Assisi und hl. Klara, erbittet uns die Gnade der Nachfolge Jesu Christi!
Hl. Dominicus und hl. Papst Pius V., erbittet uns Liebe zum Rosenkranz!
Heiliger Antonius, Vater der Armen, erbitte Brot für die Völker der dritten Welt!
Hl. Alfons Maria von Liguori, erbitte uns Liebe zu Jesus im Allerheiligsten Sakrament und zur Gottesmutter Maria!
Hl. Johannes Maria Vianney, Pfarrer von Ars, erbitte den Seelsorgern und dem Volke Gottes Eifer für das Heil der Seelen!
Seliger Märtyrer Maximilian Kolbe, sei uns ein Vorbild in der Verehrung und Liebe zur unbefleckt empfangenen Gottesmutter Maria!
Alle Heiligen Gottes, bittet für uns!

Gebete um Seligsprechung von ehrwürdigen Dienern Gottes

(Wir erbitten die Seligsprechung von ehrwürdigen Dienern Gottes, die in ihrer Christus- und Marienliebe vorbildlich sind. Möge durch die Anrufung ihrer Fürsprache vielen Hilfe zuteil werden!)
Er erleuchte die Augen eures Herzens, damit ihr versteht, zu welcherHoffnung ihr durch ihn berufen seid, welchen Reichtum die Herrlichkeit seines Erbes den Heiligen schenkt und wie überragend groß seine Macht sich an uns, den Gläubigen erweist durch das Wirken seiner Kraft und Stärke (Epheser 1,18-19)

Gebet um Seligsprechung des Ehrwürdigen Dieners Gottes Bischof Franz Josef Rudigier

Allmächtiger Gott! Du bist der Quell aller Heiligkeit! Du erweckst in Deiner Kirche stets neue Heilige. Mit unermüdlichem Eifer für die Ehre Deines Namens und das Heil der Men-

schen hat Bischof Franz Josef Rudigier Großes geleistet. Er ist uns ein Beispiel der Treue zu Deinen Geboten, ein unerschrockener Verteidiger Deiner Rechte, ein Mann der großen Liebe zur Kirche und zum Papst. Ihm waren glaubensstarke und einsatzbereite Christen ein großes Anliegen.
Maria, die unbefleckt Empfangene, die Mutter Deines Sohnes und unsere Mutter, liebte er als Vorbild des Glaubens und der Hingabe an Deinen Dienst.
Gib uns die Freude und Gnade, daß wir Deinen Ehrwürdigen Diener Franz Josef Rudigier bald als Heiligen verehren dürfen. Erhöre die Bitten Deiner Gläubigen, die in ihren Sorgen und Anliegen zu Dir kommen und auf seine helfende Fürbitte vertrauen. Das gewähre uns durch Christus, unsern Herrn. Amen.
(Dombauverein, 4010 Linz, Herrenstr. 19)

Gebet um Seligsprechung Papst Pius XII.

O Jesus, ewiger Hoherpriester, Du hast Dich gewürdigt, Deinen treuen Diener Pius XII. zur

höchsten Würde Deines Stellvertreters hier auf Erden zu erheben, und ihm die Gnade verliehen, den Glauben unerschrocken zu verteidigen, Gerechtigkeit und Frieden mutvoll zu vertreten, Deine heilige Mutter in frommer Hingabe zu verherrlichen und ein leuchtendes Beispiel der Liebe und aller Tugenden zu geben.
Gewähre uns jetzt im Hinblick auf seine Verdienste huldvoll die Gnaden, die wir von Dir erflehen, auf daß wir ihn, sicher überzeugt von seiner wirksamen Fürbitte bei Dir, eines Tages der Ehre der Altäre teilhaft sehen können.
Amen.
(Vatikan 8.12.1958)

Gebet um die Seligsprechung des Dieners Gottes Karl von Österreich

Allmächtiger Gott! Von Ewigkeit her hast Du Deinen Diener Karl zur hohen Würde eines Herrschers und zum Vater vieler Völker auserkoren und ihn durch den königlichen Weg des Kreuzes ausgezeichnet.

Laß uns, so bitten wir Dich demütig, diesen großen Dulder bald auf unseren Altären verehren und gib uns die Gnade, daß wir durch das Beispiel seiner Tugenden unsere Herzen immer mehr nach dem heiligsten Herzen Deines vielgeliebten Sohnes bilden.
Durch denselben Jesus Christus unseren Herrn, der mit Dir lebt und regiert in Einigkeit des Hl. Geistes Gott von Ewigkeit zu Ewigkeit. Amen.

Gebet um Seligsprechung des Barmherzigen Bruders Eustachius Kugler

Herr Jesus Christus, schau gnädig auf das Leben, die Freuden und das Leiden Deines Dieners, des Barmherzigen Bruders, Frater Eustachius Kugler. In heroischer Weise hat er an den kranken und behinderten Menschen Dein Wort verwirklicht: „Was ihr dem Geringsten meiner Brüder getan habt, das habt ihr mir getan." Laß ihm die Ehre der Altäre zuteil werden, Dir zur Verherrlichung und Deiner heiligen Kirche zum Ruhm.

Mache auch uns bereit, seinem Beispiel zu folgen und gewähre auf seine Fürbitte Erhörung in meinen Anliegen.

Vater unser ..., Gegrüßt seist du, Maria ..., Ehre sei dem Vater ...

Mitteilungen von Gebetserhörungen durch die Fürbitte von Frater Eustachius Kugler (1867–1946) bitte an: Provinzialat der Barmherzigen Brüder Südliches Schloßrondell 5, 8000 München 19.

Drei- oder neuntägige Andacht zur Hlgst. Dreifaltigkeit um Gnaden zu erlangen durch die Fürbitte des Ehrw. Dieners Gottes Bruder Meinrad

Wir beten Dich an, ewiger Vater; wir danken Dir und bitten Dich durch die Gnaden, die Du Deinem treuen Diener Bruder Meinrad verliehen hast, um Vermehrung des Glaubens und um die besondere Gnade ... Vater unser, Ave Maria.

Wir beten Dich an, ewiger Sohn Gottes; wir danken Dir und bitten Dich durch die Gnaden, die Du Deinem treuen Diener Bruder Meinrad verliehen hast, um die Vermehrung der Hoffnung und um die besondere Gnade ... Vater unser, Ave Maria.

Wir beten Dich an, ewiger Heiliger Geist; wir danken Dir und bitten Dich durch die Gnaden, die du Deinem treuen Diener Bruder Meinrad verliehen hast, um die Vermehrung der göttlichen Liebe und um die besondere Gnade ... Vater unser, Ave Maria.

Bruder Meinrad (1848–1925) war Benediktiner und lebte 50 Jahre im Kloster Unserer Lieben Frau von Einsiedeln ein Leben tiefster Demut und heroischer Regeltreue. Alle, die durch ihn Hilfe erlangt haben, werden ersucht, Gebetserhörungen zu melden an P. Vizepostulator Kloster Einsiedeln, 8840 Einsiedeln.

Gebete in verschiedenen Anliegen

Gebete für die Weltmission

Herr, Du hast uns befohlen, unter allen Völkern Deine Zeugen zu sein.
Wir bitten Dich: erwecke unter uns Männer und Frauen, die bereit sind zum Dienst, wo immer Du sie einsetzen willst.
Sende Boten in alle Erdteile und rufe einheimische Missionare auch aus Asien, Afrika und aller Welt, damit in der ganzen Kirche neues Leben erwacht und der Reichtum Deines Evangeliums offenbar wird.
Wir bitten Dich für die vielen Millionen im Westen und Osten, im Norden und Süden, die Dich nicht kennen. Laß Deine Kirche nicht ruhen, bis die Völker in allen Ländern Deine Heilsbotschaft hören können. Amen.

Hl. Franz Xaver, hl. Theresia vom Kinde Jesu, Selige Arnold Janssen, Josef Freinadametz und Eugen Mazenod, bittet den Herrn der Ernte, daß er Arbeiter in seine Ernte sende!

Hl. Petrus Claver, heilige Märtyrer von Uganda und selige Maria Theresia Ledochowska, bittet für die Missionen in Afrika!

Gebet für den Papst

Gott, Du Hirt und Lenker aller, die an Dich glauben, sieh gnädig auf Deinen Diener, unseren Papst N., den Du zum Hirten Deiner Kirche berufen hast.
Gib, daß er durch Wort und Beispiel das Heil Deines Volkes fördert, und führe ihn mit der ihm anvertrauten Herde zum ewigen Leben. Darum bitten wir durch Jesus Christus.
Amen.

Gebet für die Missionen

Herr Jesus Christus, Du hast um den Preis Deines kostbaren Blutes die Welt erlöst. Blicke voll Erbarmen auf die Menschheit, die sich zum großen Teil noch in der Finsternis des Irrtums und im Schatten des Todes befindet, und laß allen ohne Ausnahme das Licht der Wahrheit leuchten!

Herr, mehre die Zahl der Glaubensboten, gib ihnen Mut, befruchte und segne durch Deine Gnade ihren Eifer und ihre Mühen, damit durch ihr Wirken alle Menschen Dich erkennen und sich bekehren zu Dir, ihrem Schöpfer und Erlöser! Rufe die Irrenden zurück zu Deiner Herde, die Abtrünnigen in den Schoß der einen, wahren Kirche!

Liebenswürdiger Erlöser, laß bald Deine segensvolle Herrschaft auf Erden anbrechen, und ziehe alle Menschen an Dein gütiges Herz, damit auch alle in der ewigen Seligkeit des Himmels die unvergleichlichen Früchte Deiner Erlösung genießen dürfen. Amen.

Gebete um geistliche Berufe

Jesus, göttlicher Hirt, Du hast die Apostel berufen und zu Menschenfischern gemacht. Rufe auch heute junge Menschen in Deine Nachfolge und in Deinen Dienst. Du lebst ja, um immer für uns da zu sein. Dein Opfer wird auf unseren Altären Gegenwart, weil alle Menschen an der Erlösung teilhaben sollen.
Laß alle, die Du berufen hast, diesen Deinen Willen erkennen und sich zu eigen machen. Öffne ihnen den Blick für die ganze Welt, für die stumme Bitte so vieler um das Licht der Wahrheit und die Wärme echter Liebe. Laß sie, getreu ihrer Berufung, am Aufbau Deines geheimnisvollen Leibes mitarbeiten und so Deine Sendung fortsetzen. Mach sie zum Salz der Erde und zum Licht der Welt. Gib, Herr, daß auch viele Frauen und Mädchen ebenso entschlossen dem Ruf Deiner Liebe folgen. Wecke in ihren Herzen das Verlangen, vollkommen nach dem Geist des Evangeliums zu leben und sich selbstlos hinzugeben im Dienst an der

Kirche. Laß sie bereit sein für alle Menschen, die ihrer helfenden Hand und ihrer barmherzigen Liebe bedürfen. Amen.
(Papst Paul VI.)

Hl. Gottesmutter Maria, hl. Johannes der Täufer, hl. Josef, hl. Apostel Petrus und Paulus und alle Heiligen aus dem Priester- und Ordensstand, erbittet heilige Priester- und Ordensberufe, Schwestern- und Brüderberufe!
Hl. Gottesmutter Maria und hl. Josef, hl. Joachim und hl. Anna und alle heiligen Väter und Mütter, bittet um heilige Familien!
Amen.

Herr Jesus Christus! Wir rufen zu Dir aus dem Bewußtsein unserer Mitverantwortung und aus der Erkenntnis der Not unserer Tage: Schenke unserer Zeit genügend Priester- und Ordensberufe! Wecke in uns die Bereitschaft, den Berufenen Hilfe und Stütze zu sein! Laß in unseren Familien und in unseren Pfarrgemeinden eine

Atmosphäre entstehen, in der sich geistliche Berufe entfalten können! Amen.
(Canisiuswerk Wien 1975)

Gebet der heiligen Theresia vom Kinde Jesu für die Priester

O Jesus, ewiger Hoherpriester, bewahre Deine Priester im Schutze Deines heiligen Herzens, wo ihnen niemand schaden kann.
Bewahre unbefleckt ihre gesalbten Hände, die täglich Deinen heiligen Leib berühren.
Bewahre rein die Lippen, die gerötet sind von Deinem kostbaren Blute.
Bewahre rein und unirdisch ihr Herz, das gesiegelt ist mit dem erhabenen Zeichen Deines glorreichen Priestertums.
Laß sie wachsen in der Liebe und Treue zu Dir und schütze sie vor der Ansteckung der Welt. Gib ihnen mit der Wandlungskraft über Brot und Wein auch die Wandlungskraft über die Herzen.

Segne ihre Arbeiten mit reichlicher Frucht und schenke ihnen dereinst die Krone des ewigen Lebens. Amen.

Gebet um kirchlichen Sinn

Herr Jesus Christus,
laß mich nie für einen Augenblick vergessen, daß Du Dir auf Erden ein eigenes Reich begründet hast: daß die Kirche Dein Werk, Deine Stiftung und Dein Werkzeug ist; daß wir unter Deiner Leitung und Deinen Gesetzen und unter Deinen Augen sind; daß Du sprichst, wenn die Kirche spricht.
Gib nicht zu, daß die Gewöhnung an diese wundervolle Wahrheit mich stumpf mache für sie.
Gib nicht zu, daß die Schwachheit menschlicher Begriffe und Vorstellungen mich vergessen lasse, daß Du es bist, der durch sie wirkt und spricht. Amen.
(J.H.Newman)

Gebet für die verfolgte Kirche

Gott, nach dem geheimnisvollen Ratschluß Deiner Liebe läßt Du die Kirche teilhaben am Leiden Deines Sohnes. Stärke unsere Brüder und Schwestern, die wegen ihres Glaubens und wegen ihres Einsatzes für ihre Mitmenschen verfolgt werden. Gib ihnen Kraft und Geduld, damit sie in ihrer Bedrängnis auf Dich vertrauen und sich als Deine Zeugen bewähren. Schenke ihnen Freude darüber, daß sie sich mit Christus im Opfer vereinen, und gib ihnen die Zuversicht, daß ihre Namen im Buch des Lebens eingeschrieben sind. Gib ihnen die Kraft, in der Nachfolge Christi das Kreuz zu tragen und auch in der Drangsal ihren christlichen Glauben zu bewahren. Amen.

Gebet für die Politiker

Herr aller Herren, Du willst, daß die Menschen miteinander in Frieden leben. Wir bitten Dich,

zeige den Politikern, wie sie Spannungen lösen und neue Kriege verhindern können.
Laß die Verhandlungen unter den Nationen der Verständigung dienen und führe die Bemühung um Abrüstung zum Erfolg.
Wir bitten Dich um gerechte Lösung der Konflikte, die Ost und West, Nord und Süd, Farbige und Weiße, arme und reiche Völker voneinander trennen.
Laß nicht zu, daß wir mitmachen, wenn Haß und Feindschaft Menschen gegeneinander treiben. Hilf uns Frieden halten, weil Du mit uns Frieden gemacht hast. Amen.

Um Bewahrung vor einem plötzlichen Tod

Mildreicher Herr Jesus! Um aller Deiner grausamen Leiden und qualvollen Schmerzen, um Deines kostbaren Blutes und Deiner hochheiligen Wunden, um Deiner letzten Worte am Kreuze willen bewahre uns vor einem plötzlichen Tode! Laß uns Zeit zur Buße. Gib, daß wir

glücklich scheiden in Deiner Gnade, damit wir Dich dann ewig lieben, loben und preisen können. Amen.
(Leo XIII.)

Gebet um gute Mütter

Sende aus, o Gott, Deinen Geist, auf daß er unsere Mütter erleuchte und sie die Heiligkeit und Verantwortung ihrer Aufgabe recht erkennen lasse, und das Angesicht der Erde wird erneuert werden! Alle lieben Heiligen, die ihr eure Heiligkeit neben der Gnade Gottes vorwiegend einer frommen Mutter verdankt, bittet für unsere Mütter! Amen.

Gebet bei Heimweh nach einem Verstorbenen

Mein Heiland, Du kennst den Schmerz und die Herzenswunde, die mir durch den Verlust dieses lieben Menschen geschlagen wurde.

Du allein kannst durch Deinen Trost meinen Schmerz lindern. Laß mich fühlen, daß diese Seele mir nahe ist, die Du zu Dir gerufen hast. Verbinde durch dieses Heimweh auch meine Seele mit dem Jenseits, wo Deine unendliche Liebe die Seelen so glücklich macht.
Gib mir die Gnade, in allem Leid auf Dich zu schauen. In der Verlassenheit sei Du mein Trost, im Dunkel sei Du mein Licht, in der Gefahr sei Du mein Schutz.
Gib, daß ich auf Dich meine Hoffnung setze, im Gebet verharre, meinen Kindern verbunden bleibe, den Bedrängten helfe, zumal meinen Mitmenschen, die ein ähnliches Leid heimsuchte.
O mein Heiland, Du Freund der Trauernden, erbarme dich unser. Amen.

Gebete, in denen wir um eine christliche Lebenshaltung bitten

„Ihr sollt also vollkommen sein, denn auch euer himmlischer Vater ist vollkommen.“
Mt 5,48.

Gebet des heiligen Nikolaus von der Flüe

Mein Herr und mein Gott,
nimm alles von mir,
was mich hindert zu Dir!

Mein Herr und mein Gott,
gib alles mir,
was mich fördert zu Dir!

Mein Herr und mein Gott,
nimm mich mir,
und gib mich ganz zu eigen Dir!

Herr, mach mich zu einem Werkzeug Deines Friedens,
daß ich liebe, wo man haßt;
daß ich verzeihe, wo man beleidigt;
daß ich verbinde, wo Streit ist;
daß ich die Wahrheit sage, wo Irrtum ist;
daß ich Glauben bringe, wo Zweifel droht;
daß ich Hoffnung wecke, wo Verzweiflung quält;
daß ich Licht entzünde, wo Finsternis regiert;
daß ich Freude bringe, wo der Kummer wohnt.
Herr, laß mich trachten,
nicht, daß ich getröstet werde, sondern daß ich tröste;
nicht, daß ich verstanden werde, sondern daß ich verstehe;
nicht, daß ich geliebt werde, sondern daß ich liebe.
Denn wer sich hingibt, der empfängt;
wer sich selbst vergißt, der findet; wer verzeiht, dem wird verziehen;
und wer stirbt, der erwacht zum ewigen Leben.
(Wird dem hl. Franz v. Assisi zugeschrieben)

Gebet des heiligen Anselm von Canterbury

Herr, ich bitte Dich:
Gib, daß ich durch die Liebe erfahre,
was ich mit dem Bewußtsein erkenne;
gib, daß ich in meinem Herzen erlebe,
was ich mit dem Verstand begreife.
Herr, ziehe mich hin zu Deiner Liebe.
Alles, was ich bin, das bin ich durch Dich.
Gib, daß ich aus Liebe ganz Dir gehöre.
Mein Herz ist bereit für Dich,
es bemüht sich, aber allein ist es schwach.
Ich bitte Dich: Bewirke Du, was es selbst nicht vermag.
Führe mich in die Zelle Deiner Liebe.
Ich bitte Dich darum und flehe zu Dir;
ich klopfe an die Pforte Deines Herzens.
Du läßt die Wünsche Wirklichkeit werden:
Schenke mir die Erfüllung.
Du läßt mich suchen, laß mich auch finden!
Du lädst mich ein anzuklopfen, öffne mir die Tür!
Wem wirst Du geben, wenn nicht dem Bittenden?

Wer wird finden, wenn nicht der Suchende?
Oder sucht er etwa vergeblich?
Wem wirst Du geben,
wenn Du den Betenden nicht erhörst?
Was wirst Du jenen geben, die nicht beten,
wenn Du denen Dein Erbarmen verweigerst,
die Dich darum bitten?
Meine Sehnsucht kommt von Dir;
schenke mir auch die Erfüllung!
Meine Seele, sei eins mit Gott,
auch wenn es schwerfällt,
Du barmherziger Gott, weise mich nicht ab.
Meine Seele verzehrt sich aus Liebe zu Dir:
Du richtest sie auf und schenkst ihr Trost.
Erfülle sie mit Deiner Liebe und Zuneigung.
Amen.

Um Ergebung in Gottes Willen

Ich bitte Dich nicht um Gesundheit, nicht um Krankheit, nicht um das Leben, nicht um den Tod. Aber darum bitte ich Dich: daß Du bei mir über Gesundheit und Krankheit gebietest, über

Leben und Tod, zu Deiner Ehre, zu meinem Heil, zur Erhöhung der Kirche und Deiner Heiligen, an deren Gemeinschaft ich durch Deine Gnade teilzunehmen hoffe. Du allein weißt, was mir zum Guten dient.
(Blaise Pascal)

Herr, wie Du willst, soll mir geschehn
und wie Du willst, so will ich gehn,
hilf Deinen Willen nur verstehn.
Herr, wann Du willst, dann ist es Zeit;
und wann Du willst, bin ich bereit,
heut und in alle Ewigkeit.
Herr, was Du willst, das nehm ich hin,
und was Du willst, ist mir Gewinn;
genug, daß ich Dein Eigen bin.
Herr, weil du's willst, drum ist es gut
und weil du's willst, drum hab' ich Mut.
Mein Herz in Deinen Händen ruht.
(P. Rupert Mayer, S.J., † Allerheiligen 1945)

Biblische Gebete

„Gott, sei mir Sünder gnädig!“ Lk 18,13

„Herr, Du weißt alles, Du weißt auch, daß ich Dich liebe.“ Joh 21,17

„Herr rette uns, wir gehen zugrunde!“ Mt 8,25

„Mein Vater, wenn dieser Kelch nicht an mir vorübergehen kann, ohne daß ich ihn trinke, so geschehe Dein Wille.“ Mt 26,42

„Nicht uns, o Herr, nicht uns, nein Deinem Namen gib die Ehre, um Deiner Gnade willen und Deiner Treue!“
Aus Psalm 115,1 (113 B)

Gebete der Reisenden

„Gott sei mit euch auf eurer Reise, und sein Engel begleite euch.“ Tob 5,21

Reisegebet

Heiliger Erzengel Raphael, heilige(r) Schutzengel und heiliger Christophorus, bittet für mich (uns) um den Schutz Gottes bei dieser Fahrt (Reise) und um die Gnade, am Ende unserer irdischen Pilgerfahrt in die ewige Heimat zu gelangen. Amen.

Fürbitte für geliebte Menschen, die auf Reisen sind

Himmlischer Vater, schütze ... auf ihrer Reise, damit sie das Ziel glücklich erreichen. Laß sie auf dieser Reise Dir näherkommen und gib, daß sie unterwegs Menschen kennenlernen, die brüderlich mit ihnen verbunden sind. Steh allen bei, die in diesen Tagen unterwegs sind und gewähre Deinen Schutz auch denen, die daheim bleiben. Der heilige Engel Raphael geleite sie auf ihrem Weg, daß sie wohlbehalten in Frieden und Freude heimkehren. Amen.

Gebet vor einer Autofahrt

Guter Gott! Wenn ich am Lenkrad sitze, gib mir eine feste Hand und ein wachsames Auge, damit niemand durch mich gefährdet und verletzt wird. – Du hast alles Leben geschaffen. Beschütze mich und alle, die sich mir anvertrauen, vor Unfall und Gefahr. – Laß mich nicht durch zügelloses oder unachtsames Fahren die Schönheit Deiner Welt vergessen.
Steh mir bei, daß ich nach meinen Fahrten immer wieder gut heimkomme und einmal mein letztes Ziel erreiche, die Herrlichkeit in Dir. Amen.

Siehe auch: Reisesegen S. 225.

Gebete in der Krankheit

Himmlische Mutter, hilf mir beten

Nicht selten sind wir an Leib und Seele so erschöpft, daß wir gar nicht zu beten vermögen. Laden wir in solcher Bedrängnis immer wieder die liebe Gottesmutter ein: „Hilf mir beten, Mutter!“ Und sie, die Gütigste, nimmt diese Bitte auf, gerade diese Bitte. Sie hilft uns beten. Sie nimmt uns ganz in sich hinein. Wie wunderbar hat Maria aus dem Mund der heiligen Elisabeth vernommen: „Selig, weil Du geglaubt hast!“

Jesus, Meister, erbarme Dich meiner.

Herr, ich habe keinen Menschen.

Herr, ich bin nicht würdig, daß Du eingehst unter mein Dach. Aber sprich nur ein Wort, so wird Dein Knecht gesund.

Gebet bei großen Schmerzen

Vater, es fällt mir schwer, zu sagen: „Dein Wille geschehe." Ich bin niedergeschlagen und habe keinen Mut mehr. Die Schmerzen sind unerträglich.

Alles, was mein Leben ausgemacht hat, scheint mir weit weg: Die Menschen, die zu mir gehören, meine Arbeit, meine Freuden, mein ganz alltägliches Tun. Auch wenn ich mutlos bin, Herr, ich will versuchen, ja zu sagen zu dem, was ist: zu meinen Schmerzen, zu meiner Schwäche, zu meiner Hilflosigkeit. Ich will alles ertragen, so gut es geht.

Laß mein Leiden nicht umsonst sein. Vielleicht nützt es denen, die für Dich arbeiten und kämpfen. Dein Wille geschehe. Dein Sohn hat am Kreuz gezeigt, daß Leiden nicht umsonst ist. Ich danke Dir, daß ich das weiß. Segne mich, Vater. Segne alle Menschen, die mir Gutes tun und mir helfen. Segne alle, die wie ich leiden müssen. Und wenn Du willst, laß mich und die anderen gesund werden. Amen.

Aufopferung der Krankheit

Gütiger Gott, Du hast mir Gesundheit gegeben, um Dir dienen zu können. Nun schickst Du mir Krankheit, die mich niederdrückt. Schmerzen muß ich ertragen und Geduld aufbringen, die mir so sehr fehlt. Aber ich will mich Deiner allweisen Entscheidung beugen. Alles will ich Dir aufopfern zur Buße für meine Sünden und zur Sühne für eigene und fremde Schuld. Laß mich angesichts der Schmerzen Deines göttlichen Sohnes erkennen, daß die Welt nur durch Leiden und Tod erlöst worden ist.
Darf ich wieder gesund werden – Dein Wille geschehe!
Und darf ich es nicht – Dein Wille geschehe!
Vater, wenn es möglich ist, laß den Kelch der Leiden vorübergehen, aber nicht mein Wille geschehe, nur Dein Wille – nur Dein Wille.

Siehe auch:
Gebet zum hl. Judas Thaddäus S. 168
Gebet zum hl. Antonius, S. 182

Krankensalbung

Für die besondere Not der Krankheit hat Christus ein eigenes Sakrament vorgesehen. In der Krankensalbung zeigt er sich als der Heiland, der die Kranken liebt und der dem Menschen gerade in der Gefährdung des Lebens nahe ist. Die Krankensalbung ist das Sakrament der Kranken: Es werden die Stirn und die Hände gesalbt: sie sind zentrale Ausdrucksfelder des menschlichen Körpers.

In der Einführung zur Ordnung der Krankensalbung heißt es: „Wie die übrigen Sakramente, so haben auch die Krankensakramente Gemeinschaftscharakter. Dieser soll, soweit wie möglich, bei ihrer Feier sichtbar werden." Die Krankensalbung kann also – mit Zustimmung des Bischofs – auch in Form einer gemeinsamen Feier an alle anwesenden Kranken, z.B. im Altersheim, im Krankenhaus oder in der Pfarrkirche bei Krankentagen oder einer Krankenwallfahrt gespendet werden.

Was bewirkt die Krankensalbung?

– Der Kranke wird gestützt im Vertrauen auf Gott.
– Der Kranke wird gestärkt gegenüber den Versuchungen des Bösen, gegen Pessimismus und Niedergeschlagenheit; das Sakrament hilft ihm, die Angst vor dem Tod zu überwinden.
– Der Kranke wird instandgesetzt, das Übel der Krankheit zu ertragen und aktiv mitzuhelfen, damit er wieder gesund wird.
– Der Schwerkranke begibt sich so ganz in den Willen Gottes: Herr Dein Wille geschehe!
– Das Sakrament der Krankensalbung bringt die Vergebung der Sünden und stellt die Vollendung der christlichen Buße dar.

Zur Krankensalbung richtet man das Zimmer her und bereitet einen Tisch mit weißer Decke, Kreuz, Kerzen, Blumen, Weihwasser und einen Zweig zum Besprengen vor.
Der Priester begrüßt den Kranken und die Anwesenden. Es folgt das allgemeine Schuld-

bekenntnis wie zu Beginn der heiligen Messe oder ev. die Beichte des Kranken. In unmittelbarer Todesgefahr kann anschließend dem Kranken der vollkommene Ablaß gewährt werden.

Danach wird von einem Anwesenden ein Wort aus der Heiligen Schrift gelesen (z.B. Jak. 5, 13-16; Röm 8, 18-27; Röm 8,31b-39)

Fürbitten:

P Geliebte, laßt uns Gott den Vater bitten für unseren Bruder (unsere Schwester) N., der (die) in dieser Stunde durch die Sakramente gestärkt werden soll. Herr, wir bitten Dich, blicke auf ihn (sie) und erkenne in ihm (ihr) das Angesicht Deines leidenden Sohnes.
A Wir bitten Dich, erhöre uns.
P Herr, wir bitten Dich, stärke und bewahre ihn (sie) in Deiner Liebe.
A Wir bitten Dich, erhöre uns.
P Herr, wir bitten Dich, schenke ihm (ihr) Deine Kraft und Deinen Frieden.

A Wir bitten Dich, erhöre uns.

Nach den Fürbitten legt der Priester dem Kranken die Hände auf. Dann spricht er über das Öl ein Dankgebet:

P Sei gepriesen, Gott, allmächtiger Vater: Für uns und zu unserem Heil hast Du Deinen Sohn in diese Welt gesandt.
Wir loben Dich.

A Wir preisen Dich.

P Sei gepriesen, Gott, eingeborener Sohn: Du bist in die Niedrigkeit unseres Menschenlebens gekommen, um unsere Krankheiten zu heilen.
Wir loben Dich.

A Wir preisen Dich.

P Sei gepriesen, Heiliger Geist, Du unser Beistand. Du stärkst uns in den Gebrechlichkeiten unseres Leibes mit nie erlahmender Kraft.
Wir loben Dich.

A Wir preisen Dich

P Herr, schenke Deinem Diener (Deiner Dienerin) der (die) mit diesem heiligen Öl in der Kraft des Glaubens gesalbt wird, Linderung seiner (ihrer) Schmerzen und stärke ihn (sie) in seiner (ihrer) Schwäche. Durch Christus, unsern Herrn.

A Amen.

Nun salbt der Priester den Kranken auf der Stirn und auf den Händen. Er spricht bei der Salbung der Stirn:

P Durch diese heilige Salbung helfe dir der Herr in seinem reichen Erbarmen, er stehe dir bei mit der Kraft des Heiligen Geistes.

A Amen.

Bei der Salbung auf den Händen:

P Der Herr, der dich von Sünden befreit, rette dich, in seiner Gnade richte er dich auf.

A Amen.

Nach der Salbung folgt ein Gebet des Priesters, das gemeinsame Gebet und der Segen.

Segensgebete

Durch die Sakramente der Taufe und Firmung sind auch die Laien befähigt, den Segen zu spenden. Segnen wir alle, die uns anvertraut sind, auch solche, die uns Sorge bereiten oder zu deren Heil und Rettung wir beitragen wollen. Besonders die Eltern sollen die Kinder segnen. „Segnet einander!" 1 Petr 3,9

Empfehlenswerte Segensformeln

Durch die Kraft des kostbaren Blutes Christi und durch die Verdienste seiner heiligen Wunden schenke dir Gott (oder: befreie dich Gott...) † im Namen des Vaters und des Sohnes und des Heiligen Geistes. Amen.

Auf die Fürbitte der allerseligsten Jungfrau und Gottesmutter Maria segne euch der allmächtige Gott: † der Vater und der Sohn und der Heilige Geist. Amen.

Der Herr segne † und bewahre dich. Er zeige dir sein Angesicht und erbarme sich deiner: Er wende dir seine Gnade zu und schenke dir Frieden. Amen.

(Marianischer Segenskreis, Benediktusbote, A-5152 Abtei Michaelbeuern.)

Reisesegen

Den Weg des Friedens führe uns der allmächtige und barmherzige Herr. Sein Engel geleite uns auf dem Weg, daß wir wohlbehalten heimkehren in Frieden und Freude.

Man kann beim Segnen auch noch ein Kreuzlein und Weihwasser verwenden.

Privatexorzismus

Der verstorbene Gründer des Rosenkranzsühnekreuzzuges um den Frieden der Welt, P. Petrus Pavlicek O.F.M., hat mit kirchlicher Druckerlaubnis folgenden Privatexorzismus herausgegeben und empfohlen, den jedermann unter Anwendung des Kreuzzeichens und Weihwassers gebrauchen darf und häufig über sich und andere – auch aus der Ferne – mündlich sprechen soll, namentlich zu Zeiten schwerer Versuchungen und Prüfungen, großer Furcht und Verwirrung, bei Anwandlungen von Ängsten und Verzweiflung, vor wichtigen Geschäften und Entscheidungen, überfeindlich gesinnte Menschen, insbesondere am Kranken- und Sterbebett.

Im Namen Jesu und im Namen Mariä befehle ich euch, ihr höllischen Geister, weichet von uns (ihnen) und diesem (jenem) Orte und waget nicht, wiederzukehren und uns (sie) zu versuchen und uns (ihnen) zu schaden. Jesus! Maria! Josef! (3mal) – Heiliger Michael, streite für

uns! Heilige Schutzengel, bewahret uns von allen Fallstricken des bösen Feindes!
Segenspruch: Der Segen † des Vaters, die Liebe † des Sohnes und die Kraft des † Heiligen Geistes; der mütterliche Schutz der Himmelskönigin, der Beistand der heiligen Engel und die Fürbitte der Heiligen – sei mit uns (dir, ihnen) und begleite uns (dich, sie) überall und allzeit! Amen.

Sterben, Tod, Vollendung

Für die sterbenden Sünder der ganzen Welt

Gütigster Jesus, Du liebst die Seelen so innig. Um der Todesangst Deines heiligsten Herzens, um der Schmerzen Deiner unbefleckten Mutter willen bitte ich Dich, reinige in Deinem Blute die Sünder der ganzen Welt, die jetzt im Todeskampf liegen und heute noch sterben werden. Amen.

V Herz Jesu, Du selbst hast Todesangst gelitten.

A Erbarme Dich der Sterbenden!

3 Ave Maria

Gebet um bleibende Vereinigung

Herr und Gott, nach meinem Tod trenne mich nicht von denen, die ich im Leben so zärtlich geliebt habe. Herr, ich bitte Dich, laß da, wo ich

bin, auch sie einst mit mir sein, damit ich mich ihrer Gemeinschaft dort oben erfreuen kann, deren ich hier so früh beraubt worden bin.
Dich flehe ich an, Allherrscher, nimm eilig diese geliebten Söhne in den Schoß des Lebens auf. Schenk' ihnen die ewige Seligkeit als Besitz anstelle des kurzen irdischen Wandels!
(Ambrosius von Mailand)

Fürbitte für die Sterbenden

Lasset uns beten! Wir bitten Dich, Christus, Herr, für die Sterbenden. Sie kämpfen den schweren Kampf.
Sende ihnen Deinen heiligen Erzengel Michael, daß er sie führe durch die Finsternis und die Gewalten des Schreckens überwältige.
Wenn das Gericht sie schreckt, so erinnere sie an Dein Erbarmen. Sende ihnen von allen Altären und Tabernakeln aus Deine unendliche Liebe, um sie zu retten, um ihnen die Tore zu öffnen in Deine herrliche Ewigkeit. Amen.

Zu Sankt Michael für einen Sterbenden

Heiliger Michael, Fürstenengel unseres Herrn Jesus Christus, komm zu Hilfe vor dem allerheiligsten Richter diesem kranken Menschen ..., der in letzter Not ringt. Du unüberwindlicher Kämpfer, steh' ihm nun bei und beschirme ihn kräftig vor dem höllischen Drachen und vor aller Falschheit des bösen Geistes. Auch bitte ich Dich, Du wunderherrlicher Diener der höchsten Gottheit, daß Du in der letzten Stunde dieses kranken Menschen ... seine Seele gütig entgegennehmest und sie führest an die Stätte der Labung, des Friedens und der Ruhe. Amen.

Im Gedenken an den eigenen Heimgang

Ich danke Dir, Herr Jesu Christ,
daß Du für mich gestorben bist.

Ach, laß Dein Blut und Deine Pein
an mir doch nicht verloren sein. Amen.

Gebet um einen guten Tod

Herr, mache mit mir, was Du willst;
auch den Tod nehme ich gerne und zufrieden an, wenn es Dir so gefällt.
Du bist doch der Mittelpunkt, die Synthese, das letzte Ziel all meiner Vorhaben. Laß mich wenigstens in Deiner heiligen Liebe sterben!
Die Kräfte, die Du mir geschenkt hast, um auf Erden Dein Lob und Deine Liebe zu künden, ich will sie bewahren, um Dich mit größerer Glut im Himmel zu loben und zu lieben.
(Papst Johannes XXIII.)

Annahme des eigenen Todes

Mein Herr und mein Gott! Schon jetzt nehme ich jede Art des Todes, wie es Dir gefällt, mit all seinen Ängsten, Leiden und Schmerzen, aus Deiner Hand mit voller Ergebung und Bereitwilligkeit an. Amen.

Einzig und allein aus Liebe

Verleihe mir, Gott, das lebhafte Verlangen, bei Dir zu sein, nicht um von den Mißgeschicken dieser Welt befreit zu werden, nicht, um dem Fegefeuer oder der Hölle zu entgehen, ja nicht einmal, um die Freuden des Himmels zu erlangen und zu genießen, endlich nicht wegen meines eigenen Vorteils, sondern einzig und allein aus Liebe zu Dir.
(Thomas Moore)

Gebete für die Armen Seelen

Wir dürfen in unseren Gebeten kein Glied des mystischen Leibes vergessen, am allerwenigsten diejenigen, die sich nach ihrem Tode im Fegefeuer befinden (Pius XII. in Mystici corporis)

O Gott, Du liebst es, allzeit Erbarmen und Gnade walten zu lassen.

Darum bitten wir Dich inständig: Gedenke der Seelen Deiner Diener und Dienerinnen, die Du von dieser Welt hast scheiden lassen. Übergib sie nicht der Macht des Feindes und vergiß sie nicht auf immer. Befiehl Deinen heiligen Engeln, daß sie sie aufnehmen und in die himmlische Heimat geleiten. Auf Dich haben sie gehofft, an Dich geglaubt. Nun laß sie nicht die Strafen des Fegfeuers erdulden, sondern laß sie die ewigen Freuden besitzen. Durch Christus, unsern Herrn. Amen.
(Aus der Messe für die Verstorbenen)

Gebet zu Unserer Lieben Frau von der Befreiung der Armen Seelen von Montligeon

O glorreiche Jungfrau Maria! Siehe gnädig hin auf die Armen Seelen, welche noch in den Flammen des Reinigungsortes zurückgehalten werden, fern von Gott und Dir, ihrer barmherzigsten Mutter. Löse ihre Bande und befreie sie aus dem Abgrund, in dem sie seufzen voll

Verlangen nach der himmlischen Heimat und dem glücklichen Augenblick ihrer endgültigen Vereinigung mit Gott, dem heißersehnten Ziel ihres Herzens. Vor allem bitte für jene Seelen, die am meisten verlassen sind. Sie sind es, für welche wir insbesondere zu Dir flehen. O Mutter der Güte, willfahre huldreich unseren Bitten und verleihe ihnen volle Gewährung. O Maria! Wir rufen zu Dir: Führe uns alle in den Himmel, hin zu unserem Heiland Jesus Christus, Deinem anbetungswürdigen Sohn, der mit dem Vater und dem Heiligen Geist lebt und regiert von Ewigkeit zu Ewigkeit. Amen

Litanei für die Verstorbenen

V/A Herr, erbarme Dich .
V/A Christus, erbarme Dich.
V/A Herr, erbarme Dich.

V Christus, höre uns.
A Christus, erhöre uns.

V Gott Vater im Himmel,
A erbarme Dich unser (jedesmal)

V Gott Sohn, Erlöser der Welt
Gott Heiliger Geist
Heiliger dreifaltiger Gott

V Heilige Maria, aufgenommen in den Himmel
A bitte(t) für sie (ihn). (jedesmal)
V Du unsere Mutter
Du Zuflucht der Sünder
Du Trost der Trauernden
Heiliger Joseph
Heiliger Michael
Heilige(r) N. (Namenspatron des Verstorbenen)
Ihr Heiligen unseres Landes
Alle Heiligen Gottes
V Deinen Tod, o Herr, verkünden wir
A und Deine Auferstehung preisen wir, bis Du kommst in Herrlichkeit.

V Jesus, am Kreuz gestorben
A erbarme Dich ihrer (seiner)
V Hinabgestiegen zu den Toten
Auferstanden in Herrlichkeit
Du Kraft für die Sterbenden
Du Tür zum Leben und einzige Hoffnung
V Wir bitten Dich für unsre Toten:
A gib ihnen die ewige Freude
Reinige sie von ihrer Schuld
Ergänze, was ihrem Leben fehlt
Vollende sie im Reich des Vaters
V Deinen Tod, o Herr, verkünden wir
A und Deine Auferstehung preisen wir,
bis Du kommst in Herrlichkeit.
V Jesus, sei uns gnädig:
A Herr und Gott, befreie uns.
Sei uns barmherzig
Von allem Bösen
Von aller Sünde
Von Haß und Feindschaft
Von der Angst vor dem Tod
Von der Angst vor dem Leben

Durch dein Kreuz und Leiden
Durch die Hingabe Deines Lebens
Durch Dein Blut, das für uns vergossen ist
Durch Deine Auferstehung zu neuem Leben
Durch Dein Kommen, das wir erwarten

V Deinen Tod, o Herr, verkünden wir

A und Deine Auferstehung preisen wir,
bis Du kommst in Herrlichkeit.

V Wir armen Sünder,

A wir bitten Dich, erhöre uns.
Daß wir unsere Sünden bereuen
Daß wir einander verzeihen
Daß wir an Dich glauben
Daß wir auf Dich hoffen
Daß wir Dich lieben
Daß wir in Dir leben
Daß unsere Toten bei Dir leben

V Lasset uns beten, wie der Herr uns gelehrt hat:

A Vater unser im Himmel ... Denn Dein ist das Reich ...

Um die letzte Läuterung

„Herr, strafe mich nicht in Deinem Grimm und züchtige mich nicht in Deinem Zorn.“ Reinige mich vielmehr in diesem Leben und mache mich so, daß ich der letzten Läuterung nach meinem Tode nicht mehr lange bedarf. Erbarme Dich meiner, o Herr, und errette mich vor allen Sündenstrafen. Amen.

Um Bewahrung vor den ewigen Strafen

Vater im Himmel, strafe mich für alles, was ich gegen Deinen heiligen Willen getan habe. Nur das eine nicht: nicht für ewig, nicht für ewig! Errette mich vor der ewigen Verdammnis! Ich will noch warten müssen, gern, hier und dort. Mutter des Herrn, bitte für mich, daß der Vater im Himmel diese meine größte Bitte erhört.
Ihr Heiligen des Himmels, tretet ein für mich! Und ihr, meine Lieben, die ihr mir vorangegangen seid im Zeichen des Glaubens, legt auch ihr ein gutes Wort eurer Liebe für mich ein. Ich will

einmal da sein, wo ihr seid! Ich weiß in der Hoffnung, ihr seid bei Gott oder kommt gewiß zu Gott. Laßt mich nicht fern von euch auf ewig! Ihr alle, meine Freunde im Himmel, ihr wißt besser als ich, wer ich bin und wo ich stehe – helft mir. Amen.

Gebet am Sterbelager

Mein Gott, wenn es Dein heiliger Wille ist, so gebe ich in dieser Stunde mein Leben voll Vertrauen in Deine Vaterhände zurück. Ich danke Dir, daß Du mich erschufst, daß Du mich in Deine Kirche aufgenommen und mit Gnaden überhäuft hast. Verzeih mir, daß ich Dich beleidigt habe. Aus Liebe zu Dir bereue ich meine Sünden und möchte sie ungeschehen machen. Nimm als Sühne die vielen Schmerzen, Nöte und Sorgen meines Lebens und meinen guten Willen. Mein Heiland, tilge meine Schuld durch Dein Leiden am Kreuz, und laß mich bald Deine Glorie schauen. Heiliger Michael, geleite mich sicher auf dem Weg in das neue Leben

und schütze mich in meiner Angst. Heilige Maria, bitte für mich und die Meinen, die ich betrübt hinterlasse. Du Mutter der Gnade und Erbarmung, verlasse mich nicht in dieser Stunde. Führe mich zu Deinem Sohne, dem König der Herrlichkeit.
Im Namen des Vaters und des Sohnes und des Heiligen Geistes. Amen.

Psalm 130: Aus tiefer Not

Aus der Tiefe rufe ich, Herr, zu Dir:
Herr, höre meine Stimme!

Wende Dein Ohr mir zu,
achte auf mein lautes Flehen!

Würdest Du, Herr, unsere Sünden beachten,
Herr, wer könnte bestehen?

Doch bei Dir ist Vergebung,
damit man in Ehrfurcht Dir dient. –
Ich hoffe auf den Herrn, es hofft meine Seele,
ich warte voll Vertrauen auf sein Wort.

Meine Seele wartet auf den Herrn
mehr als die Wächter auf den Morgen.

Mehr als die Wächter auf den Morgen
soll Israel harren auf den Herrn! –

Denn beim Herrn ist die Huld,
bei ihm ist Erlösung in Fülle.

Ja, er wird Israel erlösen
von all seinen Sünden. –

Ehre sei dem Vater und dem Sohn und dem Heiligen Geist, wie im Anfang so auch jetzt und alle Zeit und in Ewigkeit. Amen.

Siehe auch:
Gebet zum hl. Josef, S. 142;
Gebet zur hl. Barbara, S. 174,
Seele Christi, heilige mich, S. 56,
Gebet zum heiligsten Herzen um einen guten Tod, S. 74.

Beistand am Sterbebett

Viele Menschen haben heute Angst davor, einem Sterbenden beizustehen. Es herrscht bei manchem eine große Hilflosigkeit. So bleiben beide verlassen: Der Sterbende, der der Gemeinschaft und des Trostes bedürfte, und der Angehörige, der sich davor „drückt", und ein schlechtes Gewissen hat. Hier kann eine klare Bitte dessen, der mit seinem Heimgang zu Gott rechnet, helfen. „Bitte sorgt dafür, daß ein Priester mir beisteht und seid auch ihr bei mir. Betet mit mir bis der Priester kommt."

Die Angehörigen sollten bedenken, daß Kranke oft auch dann noch gut hören, wenn sie sehr schwach sind. Besonders wichtig sind kurze Sätze der Ermutigung; je nach der religiösen Einstellung auch eines der Stoßgebete aus der folgenden Seite; sie sollten nicht schreiend, aber nahe am Ohr des Sterbenden und mit deutlicher Stimme gesprochen werden.

Stoßgebete

Jesus! Jesus! Jesus!

Jesus, sei mir gnädig; Jesus, sei mir barmherzig; Jesus, verzeih mir meine Sünden!

Zu Dir, Herr, erhebe ich meine Seele.

Der Herr ist mein Licht und mein Heil.

Jesus, ich schließe mich in Deine heiligen Wunden ein.

Herr, in Deine Hände lege ich voll Vertrauen meinen Geist.

Jesus, Maria, Josef, euch schenke ich mein Herz und meine Seele

Auf Dich, o Herr, habe ich meine Hoffnung gesetzt, in Ewigkeit werde ich nicht zuschanden (Aus dem Tedeum)

Herr, sei mir armen Sünder gnädig!

Heiligstes Herz Jesu, ich glaube an Deine Liebe zu mir. Ich vertraue auf Dich!

Heilige Maria, ich liebe Dich; bitte für mich!

Maria, Gnadenmutter, Mutter der Barmherzigkeit, beschütze mich vor dem Feind, empfange mich in der Todesstunde.

Alle heiligen Engel und ihr Heiligen alle! Bittet für mich und eilet mir zu Hilfe!

Heiliger Schutzengel, bitte für mich!

Heiliger Josef, bitte für mich!

Es kann auch der schmerzhafte und glorreiche Rosenkranz ab S. 21 sowie „Sei gegrüßt, o Königin" S. 111 gebetet werden. Weiters: Kreuzwegstationen ab S. 97.

Gebete unmittelbar vor dem Verscheiden

Je nach der religiösen Einstellung des Sterbenden kann eines der folgenden Gebete gesprochen werden:

Mache dich auf den Weg,
Bruder (Schwester) in Christus,
im Namen Gottes, des allmächtigen Vaters,
der dich erschaffen hat;
im Namen Jesu Christi,
des Sohnes des lebendigen Gottes,
der für dich gelitten hat;
im Namen des Heiligen Geistes,
der über dich ausgegossen worden ist.
Heute noch sei dir im Frieden deine Stätte bereitet,
deine Wohnung bei Gott im heiligen Zion,
mit der seligen Jungfrau und Gottesmutter Maria,
mit dem heiligen Josef
und mit allen Engeln und Heiligen Gottes.

oder:

Lieber Bruder (Liebe Schwester),
ich empfehle dich dem allmächtigen Gott.
Ihm vertraue ich dich an, dessen Geschöpf du bist.
Kehre heim zu deinem Schöpfer,
der dich aus dem Staub der Erde gebildet hat.
Wenn du aus diesem Leben scheidest,
eile Maria dir entgegen mit allen Engeln und Heiligen.
Christus befreie dich, der für dich gekreuzigt wurde;
er befreie dich, der für dich den Tod erlitten hat;
Christus, der Sohn des lebendigen Gottes,
gebe dir Wohnrecht in seinem Paradies.
Der wahre und gute Hirt erkenne dich an als sein Eigen.
Er spreche dich los von allen deinen Sünden
und rechne dich zu seinen Erwählten.
Deinen Erlöser sollst du sehen
von Angesicht zu Angesicht,
Gott schauen in alle Ewigkeit.
Amen.

Gebet unmittelbar nach dem Verscheiden

A Kommt herzu, ihr Heiligen Gottes, eilt ihm (ihr) entgegen die Engel des Herrn. Nehmt auf seine (ihre) Seele und führt sie hin vor das Antlitz des Allerhöchsten.

V Christus nehme dich auf, der dich berufen hat, und in das Himmelreich sollen Engel dich geleiten.

A Nehmt auf seine (ihre) Seele und führt sie hin vor das Antlitz des Allerhöchsten.

V Herr, gib ihm (ihr) die ewige Ruhe, und das ewige Licht leuchte ihm (ihr). Nehmt auf seine (ihre) Seele und führt sie hin vor das Antlitz des Allerhöchsten.

V Laßt uns beten:
Herr, unser Gott, wir empfehlen Dir unseren Bruder (unsere Schwester) N. In den Augen der Welt ist er (sie) tot. Laß ihn (sie) leben bei dir. Und was er (sie) aus menschlicher Schwäche gefehlt hat, das tilge Du in Deinem Erbarmen.Durch Christus, unsern Herrn.

A Amen.

Die Mitfeier der heiligen Messe in der Kirche und daheim

Das Erfassen der Meßfeier ist Vorstoß zu den ersten Quellen des Christentums. Fast könnte man sagen: Soweit sind wir echte Katholiken, als uns die heilige Messe wertvoll geworden ist.

Da das „Gotteslob“ alle Texte und notwendigen Erklärungen über die „Feier der heiligen Messe“ und der „Gemeindemesse“ enthält, beschränkt sich dieses Buch auf kurze Erklärungen, den Abdruck der gemeinsamen Gebete und Anregungen zum inneren Mitvollzug.

(Siehe auch: Gebet daheim, wenn man am Sonntag nicht in die Kirche zum Gottesdienst gehen kann – S. 276)

I. Eröffnung

Um wirklich aktiv und ehrfürchtig am heiligen Meßopfer teilzunehmen, sollten wir alle Mißtöne der Sorgen und Bedrängnisse beseitigen und den einen Gedanken festhalten: „Ich gehe zur heiligen Messe, um Christus zu hören, zu opfern, zu empfangen und ihn in den Alltag und in mein Leben hineinzutragen."
Der Herr lädt uns ein zu diesem heiligen Opfer mit den Worten: „Kommet alle zu mir!" Wir folgen seiner Einladung.

Der Priester eröffnet den Gottesdienst im Namen des Dreifaltigen Gottes, auf den wir getauft sind, und sagt:
„Im Namen des Vaters und des Sohnes und des Heiligen Geistes. Amen."
Alles geschieht in seinem Namen, in seiner Kraft, zu seiner Ehre und Verherrlichung.

– Im **Bußakt** – dem Schuldbekenntnis – sind wir eingedenk, daß wir wirklich als sündige Menschen vor den heiligen Gott treten. Wir erbitten und empfangen von ihm die Vergebung und Verzeihung unserer Sünden und Fehler, um für dieses große Geschehen bereit zu sein. Wir nehmen uns vor, durch Werke der Nächstenliebe unsere Liebe zu Christus zu beweisen.

Das allgemeine Schuldbekenntnis

Ich bekenne Gott, dem Allmächtigen – und allen Brüdern und Schwestern – daß ich Gutes unterlassen – und Böses getan habe – ich habe gesündigt in Gedanken, Worten und Werken (alle schlagen an die Brust) – **durch meine Schuld, durch meine Schuld, durch meine große Schuld. –**
Darum bitte ich die selige Jungfrau Maria – alle Engel und Heiligen – und euch – Brüder und Schwestern – für mich zu beten bei Gott, unserem Herrn.

Wir erbitten Gottes Erbarmen durch das Gebet des Priesters:

Nachlaß, Vergebung und Verzeihung gewähre uns der allmächtige und barmherzige Herr. Amen.
Wer am Vortag läßliche Sünden begangen hat und sie wirklich bereut, dem werden sie hier nachgelassen, so daß er der Begegnung mit Christus ruhig entgegensehen darf.

– Im **Kyrie** wendet sich der Mensch an den Mittler allen Erbarmens, alles Trennende zwischen ihm und uns auszuräumen. Beten wir darum voll Vertrauen:
Herr, erbarme Dich unser
Wir dürfen von Gott Verzeihung erwarten; Gott schaut nicht auf unsere Werke allein, sondern auch auf unsere Gesinnung; nicht so sehr auf unseren Erfolg, sondern auf unser Bemühen; nicht so sehr auf unser Versagen, sondern auf unser Vertrauen ...

– Im **Gloria** – dem großen Lobhymnus – besingen wir unseren herrlichen Gott. In immer neuen Jubelrufen steht das große Bild Gottes auf, um dessen Verherrlichung es geht, und sein Heilswille gegenüber den Menschen. Damit sich beides verwirkliche, steht in der Mitte das Lamm Gottes, der Sohn des Vaters. Genau darum geht es in der heiligen Messe.

Ehre sei Gott in der Höhe – und Friede auf Erden den Menschen seiner Gnade. – Wir loben Dich, – wir preisen Dich, – wir beten Dich an, – wir rühmen Dich und danken Dir, – denn groß ist Deine Herrlichkeit: – Herr und Gott, König des Himmels, – Gott und Vater, Herrscher über das All, – Herr, eingeborener Sohn, Jesus Christus. – Herr und Gott, Lamm Gottes, Sohn des Vaters – Du nimmst hinweg die Sünde der Welt: – erbarme Dich unser; – Du nimmst hinweg die Sünde der Welt: – nimm an unser Gebet; – Du sitzest zur Rechten des Vaters: – erbarme Dich unser. – Denn Du allein bist der Heilige, – Du allein der Herr, – Du allein der Höchste: – Jesus Christus, – mit dem Heiligen Geist, – zur Ehre Gottes des Vaters. Amen.

– Im **Tagesgebet** tritt Christus selber in der Person des Priesters, mit uns – seiner Kirche – und für uns vor den Vater hin. Der Priester breitet die nach oben geöffneten Hände aus, zum Zeichen, daß wir von Gott allen Segen erhoffen. In dieser Haltung bringt er die Anliegen der Gläubigen vor Gott.
Wenn wir den Gottesdienst zu Hause geistig mitfeiern, lesen wir an dieser Stelle entweder das Tagesgebet aus dem Meßbuch oder wir beten:

Gott, Du bist da.
Deine Gegenwart umhüllt und durchdringt uns
wie die Luft, die wir atmen,
ohne die wir nicht leben können.
Gib, daß wir Dir ganz vertrauen
und leben ohne Angst.
Darum bitten wir durch Christus, unsern Herrn.
Amen.

II. Wortgottesdienst

Die echte Liebe lebt vom Austausch, vom gegenseitigen Sich-Erschließen. Gott schenkt uns sein Wort, seinen ewigen, wesensgleichen Sohn. Sein Wort empfangend, gibt der gläubige Mensch die Antwort des Glaubens, die Antwort der Liebe.

In den **Lesungen** teilt sich der Herr seinem Volk – uns persönlich – mit. Die Lesungen der Heiligen Schrift – Altes und Neues Testament – sind nicht nur Bericht, sie sind lebendige Verkündigung und Gegenwart, sie sind Ereignis, das uns treffen will. Da sollten wir die Frage stellen: Was willst Du mir heute in dieser Lesung sagen? Wahrhaft Liebende hören aufmerksam auf Gottes Wort und wollen es zur Leuchte ihres Lebens machen.

Das **Evangelium** bildet den Höhepunkt des Wortgottesdienstes. Hier gilt: „Der Meister ist da und ruft dich“ (Joh 11,28). Zu Füßen Jesu hören wir in Liebe und Erwartung seine Botschaft. Wir merken uns dabei wegweisende

Stellen für uns und unseren Tag, für unsere bestimmte Situation. Hier spricht Gott selbst durch sein menschgewordenes Wort, Christi Wort ist für uns Licht, Schwert, Kraft und Trost. Vielleicht zeigt der Herr uns die Wunden unserer Seele – dann bitten wir ihn: „Schließe sie für immer!“ Vielleicht kommen wir mit Menschen nicht mehr zurecht – dann erinnert er uns an unseren Auftrag, ihn durch unser Gutsein und Frohsein lebendig zu verkünden.

Er will, daß wir sein lebendiges Evangelium werden, ein glaubwürdiges Zeugnis für die Welt.

Bei der Mitfeier zu Hause finden wir die Lesungen und das Evangelium des Tages im Meßbuch oder – nach den Angaben im Kirchenblatt – in der Heiligen Schrift.

Das darauffolgende Predigtwort sollte uns noch tiefer und konkreter in das gekündete Wort Gottes einführen. Papst Johannes Paul II. sagte: „Diese Glaubensunterweisung .... bereitet auf die Teilnahme an der Eucharistiefeier vor und gibt die Wege für ein Leben aus der Kraft des Sakramentes an."

– Das **Credo** ist ein aus dankbarem Herzen strömendes Bekenntnis, daß wir die Botschaft Gottes in den Alltag hineinnehmen und unter die Mitmenschen tragen wollen.

Wir glauben an den einen Gott, – den Vater, den Allmächtigen, – der alles geschaffen hat, Himmel und Erde, – die sichtbare und die unsichtbare Welt. – Und an den einen Herrn Jesus Christus, – Gottes eingeborenen Sohn, – aus dem Vater geboren vor aller Zeit: – Gott von Gott, – Licht vom Licht, – wahrer Gott vom wahren Gott, – gezeugt, nicht geschaffen, – eines Wesens mit dem Vater; – durch ihn ist alles geschaffen. – Für uns Menschen und zu unserem Heil – ist er vom Himmel gekommen (zu den folgenden Worten verbeugen sich alle) – **hat Fleisch angenommen durch den Heiligen Geist – von der Jungfrau Maria – und ist Mensch geworden. – Er**

wurde für uns gekreuzigt unter Pontius Pilatus, – hat gelitten und ist begraben worden, – ist am dritten Tage auferstanden nach der Schrift – und aufgefahren in den Himmel. – Er sitzt zur Rechten des Vaters – und wird wiederkommen in Herrlichkeit, – zu richten die Lebenden und die Toten; – seiner Herrschaft wird kein Ende sein. – Wir glauben an den Heiligen Geist, – der Herr ist und lebendig macht, – der aus dem Vater und dem Sohn hervorgeht, – der mit dem Vater und dem Sohn – angebetet und verherrlicht wird, – der gesprochen hat durch die Propheten – und die eine, heilige, katholische – und apostolische Kirche. – Wir bekennen die eine Taufe zur Vergebung der Sünden. – Wir erwarten die Auferstehung der Toten – und das Leben der kommenden Welt. – Amen.

(Das Apostolische Glaubensbekenntnis steht unter den Grundgebeten auf S. 12.)

– In den **Fürbitten** trägt die Kirche diesem Gott, der sich uns so genaht und offenbart hat, ihre Sorgen und Anliegen vor. Im Gespräch mit Christus wissen wir uns verantwortlich für die gesamte Menschheit, deren Nöte und Anliegen wir in Christus dem Vater vortragen.
Bei der geistigen Mitfeier der heiligen Messe daheim können wir an dieser Stelle auch das „Allgemeine Gebet“ vom hl. Petrus Canisius (S. 50) beten. „Allgemein“ heißt dieses Gebet, weil es nicht die persönlichen Anliegen jedes einzelnen zum Gegenstand hat, sondern die Anliegen der gesamten Menschheit.

III. Eucharistiefeier

l. Gabenbereitung

Die Gaben von Brot und Wein werden auf dem Altar Gott dargebracht und durch die Wandlungsworte des Priesters zu Jesu Leib und Blut verwandelt. Auch wir sollen uns mitopfern.
Daheim könnte man folgendes beten:

Gott, mit den Gaben, die in der Kirche heute auf dem Altar bereitet werden, gebe ich mich selbst in Deine Hände. Die Freude, die ich erfahre, die Arbeit, die ich verrichten kann, Leid und Sorgen, die ich zu tragen habe: alles bringe ich Dir dar.

Nimm hin mein Herz, das Dich sucht.

Nimm hin meinen Willen, damit ich Deinen Willen erfülle.

Nimm hin meine Freiheit, daß ich mich nicht mehr gegen Dich entscheide.

Nimm hin meinen Leib, daß ich ihn heilig halte.

Nimm hin meinen Geist, daß ich immer fester an Dich glaube.

Nimm hin alle meine Kräfte, daß ich Dir bis zum letzten Atemzug diene.

Nimm von mir alle meine Sorgen, die ich Dir anvertraue.

Nimm hin mein Kreuz und Leid, mit Christus will ich leben und sterben. In seine Hingabe befehle ich mich. Amen

(Nach R. Guardini)

Der Priester nimmt die Schale mit dem Brot, hält sie über den Altar und spricht leise:

Gepriesen bist Du, Herr unser Gott, Schöpfer der Welt. Du schenkst uns das Brot, die Frucht der Erde und der menschlichen Arbeit. Wir bringen dieses Brot vor Dein Angesicht, damit es uns das Brot des Lebens werde.
(Gepriesen bist Du in Ewigkeit, Herr, unser Gott)

Sehr sinnvoll ist die Zeremonie, bei der der Priester ein Tröpflein Wasser in den Wein des Opferkelches senkt. Es ist durchsichtig wie eine klare Seele. So klar und hell sollte unser Wesen sein, wie dieser Wassertropfen, daß es würdig werde für den Opferkelch Jesu Christi. Aber nicht farblos darf es bleiben, es muß Duft und Farbe und Fülle des Weines – des Blutes Christi – selber annehmen. Es muß mitverwandelt werden in die Kraft und Gesinnung des Herrn; denn nicht mehr Wasser und Wein ist nach der Wandlung im Kelch, sondern Christus allein. Wie tief ist das Gebet der Kirche bei der Vermischung von Wasser und Wein:

Wie dieses Wasser sich mit Wein verbindet, so lasse uns der Kelch des Herrn teilhaben an der Gottheit Christi, der unsere Menschennatur angenommen hat.

Danach nimmt der Priester den Kelch, hält ihn über den Altar und spricht leise:

Gepriesen bist Du, Herr unser Gott, Schöpfer der Welt. Du schenkst uns den Wein, die Frucht des Weinstocks und der menschlichen Arbeit. Wir bringen diesen Kelch vor Dein Angesicht, damit er uns der Kelch des Heiles werde.

(Gepriesen bist Du in Ewigkeit, Herr, unser Gott.)

Nun stellt der Priester den Kelch auf das Korporale, verneigt sich und spricht leise:

Herr wir kommen zu Dir mit reumütigem Herzen und mit demütigem Sinn. Nimm uns an und gib, daß unser Opfer Dir gefalle.

In den Gaben von Brot und Wein nehmen wir auch mit zum Altar alle Menschen, die uns lieb sind, die sich unserem Gebet empfohlen haben, für die wir uns verpflichtet fühlen.
Wir bringen zum Altar die kranken, einsamen und verlassenen Menschen, auch die Hungernden sowie alle, die sich um die Linderung des Leids bemühen.
Wir legen aber auch mit unseren Gaben die Verdienste der Heiligen auf den Altar: Ihre vollkommene Liebe, die gottgefällige Opfergabe ihres Lebens.
Ebenfalls können wir in den Gaben von Brot und Wein das vollendete Leben unserer Verstorbenen als Opfergabe auf den Altar legen – mit allem Großen und Guten, das sie getan haben, aber auch mit allem Leid und aller Hoffnung auf ewiges Heil, falls sie noch der Läuterung bedürfen.

– Gabengebet
Der Priester breitet die Hände aus und trägt eines der Gabengebete vor:

Herr, unser Gott, wir bringen das Brot dar, das aus vielen Körnern bereitet, und den Wein, der aus vielen Trauben gewonnen ist. Schenke Deiner Kirche, was die Gaben geheimnisvoll bezeichnen: Die Einheit und den Frieden. Darum bitten wir durch Christus, unseren Herrn.

Amen

So vereinigt sich die himmlische Liturgie mit der irdischen und alles hat zum Ziel die Verherrlichung des dreifaltigen Gottes.

2. Eucharistisches Hochgebet – die heilige Wandlung

Wer recht zu opfern versteht, wird auch Gott würdig danken.
Am Beginn des Eucharistischen Hochgebetes

breitet der Priester die Hände aus und singt oder spricht:

Der Herr sei mit euch.

Wir antworten:
Und mit deinem Geiste.

Erhebet die Herzen!
Wir haben sie beim Herrn.

Lasset uns danken dem Herrn, unserm Gott!!
Das ist würdig und recht.

Der Priester singt oder spricht nun die Präfation. Auch zu Hause können wir beten:

In Wahrheit ist es würdig und recht, Dir Herr, heiliger Vater, immer und überall zu danken durch Deinen geliebten Sohn Jesus Christus. Er ist Dein Wort, durch ihn hast Du alles erschaffen. Ihn hast Du gesandt als unseren Erlöser und Heiland: Er ist Mensch geworden durch den Heiligen Geist, geboren von der Jungfrau Maria. Um Deinen Ratschluß zu erfüllen und Dir ein heiliges Volk zu erwerben, hat er sterbend die Arme ausgebreitet am Holze des Kreuzes. Er hat die Macht des Todes gebrochen und die Auferstehung kundgetan. Darum preisen wir Dich mit allen Engeln und Heiligen und singen vereint mit ihnen das Lob Deiner Herrlichkeit:

– Sanctus

Heilig, heilig, heilig
Gott, Herr aller Mächte und Gewalten.
Erfüllt sind Himmel und Erde
von Deiner Herrlichkeit.
Hosanna in der Höhe.
Hochgelobt sei, der da kommt im Namen des Herrn.
Hosanna in der Höhe.

Wenn der Priester die Wandlungsworte spricht, verwandelt Christus das Brot in den Leib Christi und den Wein in das Blut Christi. Das ist der Augenblick der Vergegenwärtigung und Darbringung des Opfers Christi. Das Hochgebet bildet die Mitte der Eucharistiefeier. Innerhalb des Hochgebetes sind die Wandlungsworte das Allerheiligste. Es gibt vier verschiedene Hochgebete; im ersten Hochgebet spricht der Priester:

Am Abend vor seinem Leiden nahm er das Brot in seine heiligen und ehrwürdigen Hände, erhob die Augen zum Himmel, zu Dir seinem Vater, dem allmächtigen Gott, sagte Dir Lob und Dank, brach das Brot, reichte es seinen Jüngern und sprach:

NEHMET UND ESSET ALLE DAVON: DAS IST MEIN LEIB, DER FÜR EUCH HINGEGEBEN WIRD.

Ebenso nahm er nach dem Mahl diesen erhabenen Kelch in seine heiligen und ehrwürdigen Hände, sagte Dir Lob und Dank, reichte den Kelch seinen Jüngern und sprach:

NEHMET UND TRINKET ALLE DARAUS : DAS IST DER KELCH DES NEUEN UND EWIGEN BUNDES, MEIN BLUT, DAS FÜR EUCH UND FÜR ALLE VERGOSSEN WIRD ZUR VERGEBUNG DER SÜNDEN. TUT DIES ZU MEINEM GEDÄCHTNIS.

Nun hat Christus die Opfergaben in seinen wahren Leib und sein wahres Blut verwandelt.

Danach spricht der Priester:
Geheimnis des Glaubens

und wir antworten:
Deinen Tod, o Herr, verkünden wir, und Deine Auferstehung preisen wir, bis Du kommst in Herrlichkeit.

So sagt das Konzil über die Laien: „Es sind nämlich alle ihre Werke, Gebete und apostolischen Unternehmungen, ihr Ehe- und Familienleben, die tägliche Arbeit, die geistige und körperliche Erholung, wenn sie im Geist getan

werden, aber auch die Lasten des Lebens, wenn sie geduldig getragen werden, geistige Opfer, wohlgefällig vor Gott durch Jesus Christus.“
Bei der Feier der Eucharistie werden sie mit der Darbringung des Herrenleibes dem Vater in Ehrfurcht angeboten.
Verkündend und preisend wenden wir unseren Blick dem Herrn zu und bitten ihn, unser Herz Christus ähnlich zu machen. So kann Christus den Priester und die Gläubigen mit sich zusammen dem himmlischen Vater als Opfer darbringen.

So bringen wir aus den Gaben, die du uns geschenkt hast, Dir, dem erhabenen Gott, die reine, heilige und makellose Opfergabe dar: das Brot des Lebens und den Kelch des ewigen Heiles. Blicke versöhnt und gütig darauf nieder und nimm sie an wie einst die Gaben deines gerechten Dieners Abel, wie das Opfer unseres Vaters Abraham, wie die heilige Gabe, das reine Opfer Deines Hohenpriesters Melchisedech.

Am Ende des Hochgebets erhebt der Priester Hostienschale und Kelch und singt oder spricht:

DURCH IHN UND MIT IHM UND IN IHM IST DIR, GOTT, ALLMÄCHTIGER VATER, IN DER EINHEIT DES HEILIGEN GEISTES ALLE HERRLICHKEIT UND EHRE JETZT UND IN EWIGKEIT.
Amen.

3. Kommunion

Voraus geht das Tischgebet der Gotteskinder., das **Vaterunser**

Der Priester spricht oder singt nach dem gemeinsamen Vaterunser:
Erlöse uns, Herr, allmächtiger Vater von allem Bösen und gib Frieden in unseren Tagen. Komm uns zu Hilfe mit Deinem Erbarmen und bewahre uns vor Verwirrung und Sünde, damit wir voll Zuversicht das Kommen unseres Erlösers Jesus Christus erwarten.

Die Gemeinde betet:
Denn Dein ist das Reich und die Kraft und die Herrlichkeit in Ewigkeit. Amen.

– Das **Friedensgebet** zeigt uns, was die Frucht des Opfers Christi für uns ist: Er hat uns mit Gott versöhnt, hat uns den Frieden mit Gott, und, untrennbar damit verbunden, den Frieden untereinander geschenkt. Er hat die Trennung zwischen uns und Gott überwunden – und die Einheit untereinander von Gott für uns erbeten.

Darum bitten wir: Herr Jesus Christus, schau nicht auf unsere Sünden, sondern auf den Glauben Deiner Kirche und schenke ihr nach Deinem Willen Einheit und Frieden.

Und der Gemeinde zugewandt, breitet der Priester die Hände aus und singt oder spricht:

Der Friede des Herrn sei allezeit mit euch.

und wir antworten:

Und mit deinem Geiste.

Wenn der Priester die große Hostie bricht, versinnbildet dies das Gebrochenwerden Jesu Christi am Kreuz in seinem Tod. Wenn er dann ein kleines Fragment der Hostie in den Kelch senkt, versinnbildet dies die Vereinigung der Seele Jesu mit seinem im Grabe ruhenden Leibe – seine Auferstehung. Das Brotbrechen zeigt, daß wir alle in der Kommunion von dem einen Brot des Lebens essen, das Christus ist, und dadurch ein Leib werden.

– Im **Agnus Dei**, das das Brechen des Brotes begleitet, rufe ich zu dem, der „hinwegnimmt die Sünde der Welt“ – die ganze Menschheitsschuld seit Anbeginn und bis zum Jüngsten Tag:

Lamm Gottes, – Du nimmst hinweg die Sünde der Welt: – erbarme Dich unser.
Lamm Gottes, – Du nimmst hinweg die Sünde der Welt: – erbarme Dich unser.
Lamm Gottes, – Du nimmst hinweg die Sünde der Welt – gib uns Deinen Frieden.

Dann zeigt der Priester die Hostie und spricht:

Seht das Lamm Gottes, das hinwegnimmt die Sünden der Welt.
Herr, ich bin nicht würdig, daß Du eingehst unter mein Dach, aber sprich nur ein Wort, so wird meine Seele gesund.
Selig, die zum Hochzeitsmahl des Lammes geladen sind.

Von der Kommunion sagt der Herr: „Amen, amen, ich sage euch, wenn ihr das Fleisch des Menschensohnes nicht eßt und sein Blut nicht trinkt, habt ihr das Leben nicht in euch. ... Denn mein Fleisch ist eine wahre Speise, und mein Blut ist ein wahrer Trank. Wer mein Fleisch ißt und mein Blut trinkt, der bleibt in mir, und ich bleibe in ihm“ (Joh 6,52-59). Ganz scharf betont der Evangelist Johannes die Wirklichkeit des Fleisches und Blutes Jesu, nicht die des physischen Leibes und Blutes des irdischen Jesus, sondern des verherrlichten Fleisches und Blutes Christi, des zur Rechten Gottes erhöhten

Herrn. So wie die natürliche Speise in einem sehr feinen Verwandlungsvorgang von unserem Blute aufgenommen und den Körperzellen zum Neuaufbau zugeführt wird, genauso geht Christus in uns ein und baut unser übernatürliches Leben auf und aus, ergänzt, stärkt, heilt, vervollkommnet und vollendet es.

– Besinnung und Dank

Bei der heiligen Kommunion erfahren wir, was es heißt, wenn sich Christus in der heiligen Kommunion mit uns verbindet; hier erfahren wir seine heilende Gegenwart ganz intensiv. Wer in der heiligen Messe Begegnung mit Gott erlebt hat, wird zu einem lebendigen „Dankeschön".

Für jeden Menschen, der Christus empfangen hat, muß es ein Herzensanliegen sein, mit ihm eine gewisse Zeit die Herzenssprache zu führen. Bringen wir dem Heiland Dank und Liebe dar. Mit dem hl. Franz von Assisi können wir sprechen: „Mein Gott und mein Alles!" Oder wir stimmen mit der seligsten Jungfrau ein in das „Magnifikat“ (siehe S. 37). Oder wir beten:

Denk Du in mir, o Jesus,
dann denk ich licht und klar.
Sprich Du aus mir, o Jesus,
dann sprech ich mild und wahr.
Wirk Du durch mich, o Jesus,
gerecht ist dann mein Tun –
geheiligt meine Arbeit,
geheiligt auch mein Ruhn.
Erfüll mein ganzes Wesen,
durchdring mein ganzes Sein,
daß man aus mir kann lesen
die große Liebe Dein!

– Schlußgebet

Nach der Kommunionstille und dem Danklied breitet der Priester die Hände aus und singt oder spricht in aller Namen das Schlußgebet:

Barmherziger Gott, du hast uns alle mit dem Brot vom Himmel gestärkt. Erfülle uns mit dem Geist Deiner Liebe, damit wir ein Herz und eine Seele werden. Darum bitten wir durch Christus, unseren Herrn.
Amen.

IV. Entlassung

Nach dem letzten Grußwechsel zwischen Priester und Gemeinde segnet der Priester uns und sendet uns, damit wir den Menschen von heute das Licht und die Kraft seines Friedens weitergeben:

Es segne euch der allmächtige Gott, der Vater und der Sohn und der Heilige Geist.
Amen.

Gehet hin in Frieden.

Dank sei Gott, dem Herrn.

Gebet daheim, wenn man am Sonntag nicht in die Kirche zum Gottesdienst gehen kann

Vater, gerne möchte ich heute in unserer Kirche die heilige Messe mitfeiern. Nicht aus Bequemlichkeit, nicht aus Gleichgültigkeit, nicht aus Menschenfurcht bleibe ich von der Gemeinde weg. Die Umstände sind so, daß ich nicht in die Kirche gehen kann. Es ist also Dein Wille, daß ich Dich hier allein im Verborgenen preise, und dieser Wille ist mir lieber als der meine. Du schaust überall voll Erbarmen auf mich, zu Hause wie in der Kirche. Ich darf Dich überall Vater nennen. Ich kann Dich überall als meinen Herrn anbeten. Mit Dir kann sich mein Herz überall vereinigen. Du läßt Dich nicht in Kirchenmauern einschließen, und Deine Hilfe läßt sich an keinen Ort binden. Du bist mit Deinem Licht und Deiner Kraft und Deiner Liebe überall gegenwärtig.
Wer Dich sucht, wird Dich finden, und da finden, wo er Dich sucht. Wo immer mein Herz für Dich schlägt, da kann ich mich Deiner Liebe

freuen. Wo ich immer bin, da kann ich mich Dir nahen. Keine Deiner Gnaden ist mir fern, wenn ich danach verlange und mich Dir in Liebe nahe.

Ich kann an der Feier der heiligen Messe nicht persönlich teilnehmen, wohl Dein Wort und das Evangelium unseres Herrn Jesus Christus in der Heiligen Schrift mitlesen, mitbeten, das Opfer Deines Sohnes in meinem Herzen mit der Kirche darbringen und meine Hingabe mit der seinen vereinen. Ich kann heute nicht hinzutreten zum Tisch des Herrn. Aber der Glaube an sein Wort und das Vertrauen auf seine Liebe und die Liebe zu ihm, meinem Erlöser, kann mich heiligen, daß ich gesinnt werde wie er: Mutig, demütig Deinem Willen gehorsam, freundlich und liebevoll gegen jedermann wie er. Dich, Vater, bitte ich um Gnade und rufe mit reumütigem Herzen: Sei mir armen Sünder gnädig! Vor Dir erneuere ich meinen Vorsatz, Deinen Willen zu tun. Herr, Dein Wille geschehe in allem! Amen.

(Nach Bischof Sailer)

Hilfen für das christliche Leben der Jugendlichen

Auf die Gebete zu den Jugendpatronen und für die Jugend auf S. 184 wird hingewiesen.
Das folgende Innenprogramm für die Jugend soll eine Orientierungshilfe sein. Es wurde in Österreich nach dem Krieg verbreitet und für die Jugend empfohlen.

Innenprogramm für die Jugend:

l. Regelmäßiges Beten
Beten ist reden mit Gott. Besprich alle Sorgen, alle Freuden, alle Versuchungen mit deinem Gott. Halte den Tag über eine herzliche Verbindung mit ihm. Bete täglich am Morgen (gute Meinung), vor und nach dem Essen, am Abend (Gewissenserforschung und Reue, Dank, Bitte).

2. Innere Mitfeier der Sonntagsmesse mit Kommunionempfang
Die Sonntagsmesse muß der Mittelpunkt der Woche sein. Bemühe dich, sie innerlich mitzufeiern, d. h., die Gedanken der Messe mitzudenken, die Gesinnung Christi in dir wachzurufen. Du darfst nicht Zuschauer, sondern Mitopfernder sein. Empfange womöglich bei jeder Hl. Messe die Kommunion.

3. Monatliche Beichte
Die Beichte ist das große Heilmittel gegen die Sünde. Ohne regelmäßige Beichte gibt es kein Freiwerden von der Sünde.

4. Täglich 10 Minuten Stille bei Christus
Lies täglich einige Sätze aus der Hl. Schrift oder aus einem anderen wertvollen Buch und denke über das Gelesene still nach. Christus soll für dein Leben Vorbild sein.

5. Richtige Marienverehrung
Habe Ehrfurcht vor Maria, der heiligsten und bedeutendsten aller Frauen. Bemühe dich, ihre innere Haltung, den Gehorsam gegen Gott, nachzuahmen. Unterstelle deine Person und deine Arbeit dieser großen Frau. Bete regelmäßig zu ihr. (Gegrüßet ..., den Engel des Herrn, Rosenkranz).

Wenn du dich bemühst, diese 5 Punkte immer genauer zu erfüllen, wirst du es fertig bringen, deine Seele von der Sünde frei zu bewahren und immer in Freundschaft mit Jesus Christus zu leben, einmal als tüchtiger Mann, als starke Frau den dir zugedachten Aufgaben gerecht zu werden.
Am religiösen Leben wird sich deine Ewigkeit entscheiden!

Hingabe

Mein Herr und mein Gott, nimm alles von mir, was mich hindert zu Dir.
Mein Herr und mein Gott, gib alles mir, was mich fördert zu Dir.
Mein Herr und mein Gott, nimm mich mir und gib mich zu Eigen ganz Dir. Amen. (Bruder Klaus)

Reue

Mein Jesus, Barmherzigkeit!
Gott, sei mir armen Sünder gnädig!
Dich liebt, o Gott, mein ganzes Herz;
und dies ist mir der größte Schmerz,
daß ich betrübt Dich, höchstes Gut;
o, wasch mich rein in Deinem Blut.

Zu Maria

O meine Gebieterin, meine Mutter,
Dir bringe ich mich ganz dar.
Und um Dir meine Hingabe zu zeigen,
weihe ich Dir heute meine Augen,
meine Ohren, meinen Mund, mein Herz,
mich selber ganz und gar.
Da ich also Dein bin, gute Mutter,
so bewahre und beschütze mich
als Dein Eigentum. Amen.

Kurz-Katechismus

Damit das Volk im christlichen Geiste leben kann, ist auch die Kenntnis der wichtigsten Gebote, der 8 Seligkeiten, der Grundwahrheiten, der Werke der Barmherzigkeit wichtig. Der Kurz-Katechismus bringt eine Auffrischung dieses Wissens für die Älteren und notwendiges Wissen für die Kinder und Jugendlichen.

1. **Die wichtigsten Gebete:**
   Grundgebete S. 11, Grundgebete zu Maria S. 14.
2. **Die wichtigsten Wahrheiten:**
   1. Es ist ein Gott.
   2. Gott ist ein gerechter Richter, der das Gute belohnt und das Böse bestraft.
   3. In Gott sind drei Personen: der Vater, der Sohn und der Heilige Geist.
   4. Der Sohn Gottes ist Mensch geworden, damit er uns durch seinen Tod am Kreuz erlöse und ewig selig mache.
   5. Die Seele des Menschen ist unsterblich.
   6. Ohne die Gnade Gottes können wir nicht selig werden.
3. **Die Gebote, die 8 Seligpreisungen und die evangelischen Räte:**
   a) Die beiden Hauptgebote der christlichen Liebe: Als man Jesus die Frage stellt: „Welches Gebot

im Gesetz ist das wichtigste?“ antwortet er: „Du sollst den Herrn, deinen Gott, lieben mit ganzem Herzen, mit ganzer Seele und mit all deinen Gedanken. Das ist das wichtigste und erste Gebot. Ebenso wichtig ist das zweite: Du sollst deinen Nächsten lieben wie dich selbst. An diesen beiden Geboten hängt das ganze Gesetz samt den Propheten“ (Mt 22,37-40).

Die zehn Gebote sind im Licht dieses zweifachen und zugleich einzigen Gebotes der Liebe auszulegen, welche die Erfüllung des Gesetzes ist:

„Die Gebote: Du sollst nicht die Ehe brechen, du sollst nicht töten, du sollst nicht stehlen, du sollst nicht begehren!, und alle anderen Gebote sind in dem einen Satz zusammengefaßt: Du sollst deinen Nächsten lieben wie dich selbst. Die Liebe tut dem Nächsten nichts Böses. Also ist die Liebe die Erfüllung des Gesetzes“ (Röm 13,9-10).

(Aus: Katechismus der Katholischen Kirche, Seite 531, Nr. 2055.)

b) Die zehn Gebote Gottes

1. Du sollst an einen Gott glauben.
2. Du sollst den Namen Gottes nicht verunehren.
3. Du sollst den Tag des Herrn heiligen.
4. Du sollst Vater und Mutter ehren, damit du lange lebest und es dir wohlergehe auf Erden.

5. Du sollst nicht töten.
6. Du sollst nicht Unkeuschheit treiben.
7. Du sollst nicht stehlen
8. Du sollst kein falsches Zeugnis geben.
9. Du sollst nicht begehren deines Nächsten Frau
10. Du sollst nicht begehren deines Nächsten Gut.

(Ausführlich im Weltkatechismus S. 530-639)

c) Die Gebote der Kirche (und Einladung zum Kirchenbeitrag):

1. Du sollst an Sonn- und Feiertagen der heiligen Messe andächtig beiwohnen.

   Dieses Gebot verlangt von den Gläubigen, an der Eucharistie teilzunehmen, zu der sich die christliche Gemeinschaft am Gedenktag der Auferstehung des Herrn versammelt.

2. Du sollst deine Sünden jährlich wenigstens einmal beichten

   Dieses Gebot sichert die Vorbereitung auf die Eucharistie durch den Empfang des Sakramentes der Versöhnung, das die in der Taufe erfolgte Umkehr und Vergebung weiterführt.

3. Du sollst wenigstens zur österlichen Zeit sowie in Todesgefahr die heilige Kommunion empfangen.

Dieses Gebot gewährleistet ein Mindestmaß für den Empfang des Leibes und Blutes des Herrn. Dabei wird auf die Verbindung mit den Festen der Osterzeit, dem Ursprung und Zentrum der christlichen Liturgie, Wert gelegt.

4. Du sollst die gebotenen Feiertage halten.
   Dieses Gebot vervollständigt das Sonntagsgebot durch die Teilnahme an den liturgischen Hauptfesten, welche die Mysterien des Herrn, der Jungfrau Maria und der Heiligen ehren.

5. Du sollst die gebotenen Fasttage halten.
   Dieses Gebot sichert die Zeiten der Entsagung und Buße, die uns auf die liturgischen Feste vorbereiten; sie tragen dazu bei, daß wir uns die Herrschaft über unsere Triebe und die Freiheit des Herzens erringen.

Die Gläubigen sind auch verpflichtet, ihren Möglichkeiten entsprechend zu den materiellen Bedürfnissen der Kirche beizutragen.

d) Die 8 Seligpreisungen:
   1. Selig sind die Armen im Geiste, ihrer ist das Himmelreich.
   2. Selig die Sanftmütigen, sie werden das Land besitzen.
   3. Selig die Trauernden, sie werden getröstet werden.
   4. Selig, die hungern und dürsten nach der Gerechtigkeit, sie werden gesättigt werden.

5. Selig die Barmherzigen, sie werden Barmherzigkeit erlangen.
6. Selig, die reinen Herzens sind, sie werden Gott anschauen.
7. Selig die Friedfertigen, sie werden Kinder Gottes heißen.
8. Selig, die Verfolgung leiden um der Gerechtigkeit willen, ihrer ist das Himmelreich. (Mt 5,3-10)

e) Als besonderer Weg zur Vollkommenheit haben sich in der Kirche herausgebildet die 3 Evangelischen Räte: Armut, Keuschheit und Gehorsam.

4. Die Werke der leiblichen und geistlichen Barmherzigkeit:

Leibliche Werke der Barmherzigkeit sind:
1. den Hungrigen zu essen geben,
2. den Durstigen zu trinken geben,
3. die Fremden beherbergen,
4. die Nackten bekleiden,
5. die Kranken besuchen,
6. die Gefangenen erlösen,
7. die Toten begraben.

Geistliche Werke der Barmherzigkeit sind:
1. die Sünder zurechtweisen,
2. die Unwissenden belehren,

3. den Zweifelnden recht raten,
4. die Betrübten trösten,
5 . das Unrecht mit Geduld leiden,
6. denen, die uns beleidigen, gern verzeihen,
7. für Lebende und Tote bei Gott bitten.

5. Als Wurzelsünden, aus denen viele andere Sünden hervorgehen, werden die 7 Hauptsünden angegeben:

1. Die Hoffart,
2. der Geiz,
3. die Unkeuschheit,
4. der Neid,
5. die Unmäßigkeit,
6. der Zorn,
7. die Trägheit

6. Die 7 Sakramente:

1. die Taufe
2. die Firmung
3. das allerheiligste Sakrament des Altares
4. die Buße
5. die Krankensalbung
6. die Priesterweihe
7. die Ehe

Alter als Erfüllung des Lebens

Zusammengestellt von Karl Gruber

Wir sollen alle Jahre, die Gott uns schenkt, zu Werken der Gottes- und Nächstenliebe nützen. Das können wir aber nur, wenn wir immer mehr Gottvertrauen – Vertrauen, daß Gott für uns sorgt – entwickeln. Und gerade dazu ist das Alter eine wunderbare Schule. Denn die Mehrzahl der Menschen kann ab dem Zeitpunkt, wo sie erwachsen sind, scheinbar recht gut aus eigener Kraft alles schaffen. *Als du jung warst, hast du dich selbst gegürtet und konntest gehen, wohin du wolltest. Wenn du aber alt geworden bist, wirst du deine Hände ausstrecken, und ein anderer wird dich gürten und dich führen, wohin du nicht willst.* Dieses Wort, das der Auferstandene zu Petrus sprach (Jo 21,18) gilt für uns alle: In der Jugend leben wir aus eigener Kraft, aber in der zweiten Lebenshälfte lernen wir, mehr und mehr aus dem Vertrauen zu leben.

Wer immer mehr Gottvertrauen entwickelt, wird immer freier, für das „Reich Gottes und seine Gerechtigkeit“ zu sorgen.

Wer von euch kann mit all seiner Sorge sein Leben auch nur um eine kleine Zeitspanne verlängern? ... Macht euch also keine Sorgen und fragt nicht: Was sollen wir essen ? Was sollen wir trinken ? Was sollen wir anziehen? Denn um all das geht es den Heiden. Euer himmlischer Vater weiß, daß ihr das alles braucht. ***Euch aber muß es zuerst um sein Reich und um seine Gerechtigkeit gehen, dann wird euch alles andere dazugegeben, ja nachgeworfen. (Mt 6,27.28; 31-33).***

Immer betont Jesus zuerst, daß wir dem göttlichen Vater völlig vertrauen dürfen, können – und daß dieses Vertrauen auf Gottes Liebe uns befähigt zu einer tiefen Gottesliebe, die sich dann ausdrücken will im Dienst an den Nächsten. *Verkauft man nicht zwei Spatzen für ein paar Groschen? Und doch fällt keiner von ihnen zur Erde ohne den Willen eures Vaters. Bei euch aber sind sogar die Haare auf dem Kopf alle gezählt. Fürchtet euch also nicht! Ihr seid mehr wert als viele Spatzen. (Mt 10,29-31)*

Erst wenn wir diese Worte uns wirklich zu eigen gemacht haben, wenn wir wirklich verstanden haben, was es heißt, von Gott geliebt zu sein mit allen Fasern, mit „Haut und Haar", erst dann verstehen wir, was Christus meint, wenn er sagt: *Wer Vater oder Mutter mehr liebt als mich, ist meiner nicht würdig, und wer Sohn oder Tochter mehr liebt als mich, ist meiner nicht würdig. Und wer nicht sein Kreuz auf sich nimmt und mir nachfolgt, ist meiner nicht würdig. (Mt 10,37-38)*

Jedes leidvolle Ereignis in unserem Leben als alte Menschen: ein Streit mit den Kindern, Verärgerung über die geringe Rücksichtnahme, Geldsorgen – all das wird uns weniger bedrücken, wird weniger Lebensenergie verschlucken, wenn wir uns täglich sagen: **Ich will aus Dankbarkeit für die Liebe Gottes, die er mir in seinem Sohn geoffenbart hat, für die Ausbreitung seines Reiches in meiner Familie, in der Pfarrgemeinde und in allen Lebensbereichen, mit denen ich in Berührung komme, sorgen.**

Um so auch im Alter erfüllt leben zu können, ist eine gewisse geistige und körperliche Disziplin nötig. Einige Anregungen dazu gibt das folgende christliche Lebensprogramm:

Christliches Lebensprogramm

Sie wenigstens morgens, abends und vor den Mahlzeiten mit Gott

Das Gebet ist das Atemholen der Seele.
Zum Atmen gehört das Ein- und Ausatmen. Wer nicht richtig ausatmet, wer immer ein Restchen verbrauchter Luft in den Lungen behält, kann auch nicht genug Sauerstoff beim Einatmen erhalten. Daher gehört zum Gebet ganz wichtig, daß wir wirklich all unsere Sorgen, unsere Kümmernisse, unseren Ärger vor Gott „ausatmen", auch unsere Fehler und Schwächen. Dann

erst können wir im Gebet den Sauerstoff der Liebe Gottes recht in uns aufnehmen. Es ist eine echte Erneuerung.
Eine besondere Begabung haben ältere Menschen oft zu den **Fürbitten für andere**. Solange man noch jünger ist, stehen doch oft die eigenen Probleme noch sehr im Vordergrund. Je älter wir werden, umso besser können wir für bittende Menschen werden. So können auch die Novenen in diesem Buch für die Anliegen anderer gebetet werden.
Versuchen wir es nun, da wir nicht mehr so sehr unter Zeitdruck stehen, auch während des Jahres einmal einen Kreuzweg betrachtend zu gehen. Besonders wichtig ist für viele ältere Menschen das Rosenkranzgebet geworden. Es gibt viele gute Kleinschriften, die uns einen neuen Zugang zu diesem wunderbaren Gebet erschließen helfen.
Sehr hilfreich ist auch das gemeinsame Gebet. Das gemeinsame Rosenkranzgebet in der Kirche kann ein fester Punkt des Tages sein.

Entfalten Sie Ihre Fähigkeiten

Während im vorangegangenen Lebensalter der praktische Zweck der Lebenserhaltung bei der Arbeit im Vordergrund stand, kommt nun im Alter der eigentliche Zweck des Schaffens deutlicher und ungetrübter zum Bewußtsein. Jetzt können wir auch Fähigkeiten nutzen, die beim früheren Beruf brachgelegen sind. Viele Möglichkeiten dazu bietet die ehrenamtliche Mitarbeit in der Pfarre. Von der Betreuung der Ministranten über den Kirchenchor, von der Mitwirkung bei der Katholischen Aktion oder bei anderen Gruppen des katholischen Apostolates bis zur Mithilfe in der Pfarrkanzlei und der Betreuung der Pfarrbibliothek oder des Pfarrschriftenstandes gibt es unzählige Möglichkeiten – man muß nur den Mut haben, sich danach zu erkundigen!

Feiern Sie an Sonn- und Feiertagen und womöglich an Wochentagen die heilige Messe mit; verbinden Sie sich dabei nach Möglichkeit mit Christus in der heiligen Kommunion

Auch wenn Sie bisher nicht Zeit zum täglichen Meßbesuch hatten, so werden Sie nach und nach merken, wie durch den Entschluß zur täglichen Mitfeier der Heiligen Messe Ihre Tage neue Freude und Kraft gewinnen. Bei den meisten von uns ist seit der Kindheit, wo wir im Religionsunterricht über die Hl. Messe gelernt haben, niemals mehr Zeit gewesen, sich mit der Liturgie auseinanderzusetzen. Die Heilige Messe ist das Herzstück unseres Glaubens. Lernen Sie sie besser kennen. Bemühen Sie sich auch um eine gute Vorbereitung der Hl. Messe, indem Sie sich täglich Zeit für das Lesen der Heiligen Schrift nehmen.

Halten Sie Ihr Gewissen wach, und empfangen Sie regelmäßig das Sakrament der Buße

Jeder Mensch hat mehr oder weniger gute oder schlechte Charakterzüge im Verlauf des Lebens erworben. Im Alter verfestigt und verstärkt sich unser Charakter, die guten Seiten und die schlechten. Die regelmäßige Vorbereitung auf die Beichte läßt uns immer wieder innehalten und fragen: Wo führt mein Charakter hin? Zur Sturheit, Rechthaberei, Egoismus, Jammersucht, Übelrednerei, Geiz – oder zu Geduld, Güte und Liebe, zu mehr Großmut?

Im Sakrament der Buße reicht uns Christus selbst in der Gestalt des Priesters seine helfende Hand. Wir dürfen uns seiner Gegenwart und Hilfe so gewiß sein, wie die Menschen, denen Jesus zu Lebzeiten die Sündenvergebung zugesagt hat.

Für den Katholiken ist eine ehrliche, gute Beichte nicht bloß eine seelische Entlastung, sondern ein Elixier für die leibliche Gesundheit.

Überlegen Sie, ob ein persönliches Beichtgespräch Ihrer Beichtpraxis neue Impulse geben könnte. In jeder Phase unseres Lebens sind wir für bestimmte Sünden selbst „blind“. Hier kann uns ein guter Seelenführer viel helfen. Bitten wir ihn auch um Ratschläge, wie wir nach der Beichte ein engagierteres christliches Leben führen können. Oft schrecken wir ja vor der Beichte zurück, weil wir wissen, daß wir uns nach der Beichte ändern sollen – und nicht wissen, wie.

Lernen Sie verzeihen

Es kann uns geschehen, daß wir über leidvolle Erfahrungen, die Menschen uns bereitet haben, jahrelang grübeln. Das Verzeihen-Können ist eng verknüpft mit dem Leid-Annehmen-Können, Gott ist unser liebender Vater. Wir sollten immer bedenken: „nichts geschieht von ungefähr, alles kommt von oben", d.h., alles ist Teil der Vorsehung Gottes. Das gilt für alles Leid, auch für das, das uns Menschen bereiten. Wenn uns Menschen Leid zufügen oder zugefügt haben, dann sollten wir das Wort von Bischof Sailer bedenken, der sagte:
„Wenn uns Unrecht geschieht von den Menschen, dann sollen wir alle Zwischenhände vergessen und denken, es ist ein Segensgruß vom guten Gott."
Wenn wir aber etwas nicht und nicht verzeihen können, dann kann es uns helfen, wenn wir uns aller Lieblosigkeiten und Gedankenlosigkeiten erinnern, die Gott uns bereits verziehen hat. Wenn wir Gott aufrichtig dankbar sind für seine Vergebung, dann fällt auch uns das Verzeihen nach und nach leichter.

Teilen Sie mit den Notleidenden ln aller Welt

Sie selbst haben ein Leben lang hart gearbeitet, und vielleicht geht es Ihnen finanziell recht gut.
Aber Sie kennen die Mahnung Christi, daß wir uns beizeiten einen „Schatz im Himmel" anlegen sollen – denn das ist der „Ort", wohin wir auf dem Weg sind.

Christus sagt:
Gebt, dann wird auch euch gegeben werden. In reichem, vollen, gehäuftem, überfließendem Maße wird man euch beschenken; denn nach dem Maß, mit dem ihr meßt und zuteilt, wird auch euch zugeteilt werden. (Lukas 6,38)

Vermeiden Sie es, über ihre Mitmenschen abfällig zu urteilen

Als Mensch mit reicher Erfahrung sehen Sie oft die Schwächen und falschen Handlungen der Umgebung recht scharf.
Daran ist nichts Unrechtes. Aber wir dürfen nicht vergessen, daß wir alle Glieder am Weinstock Christi sind – wir sind Brüder und Schwestern geworden. Das müssen wir bei aller Scharfsicht bedenken.
Geben Sie einem Gespräch (oder Ihren Gedanken) eine andere Richtung, wenn sie um die Schwächen und Fehler anderer kreisen. So heißt es beim Apostel Paulus: *Jetzt aber legt auch ihr das alles ab: Zorn, Grimm, Bosheit, Lästerung, Schandrede aus eurem Mund. (Kolosser 3,8)*

Handeln Sie als Verkehrsteilnehmer verantwortungsbewußt

Setzen Sie sich nur ans Steuer, wenn Sie es verantworten können und sorgen Sie dafür, daß ihr Auto verkehrssicher ist. Tragen Sie das Internationale SOS

Zeichen bei sich, das signalisiert, daß Sie bei einem schweren Unfall mit Todesgefahr um einen Priester bitten.

Helfen Sie mit allen Kräften mit, die Frohbotschaft von Jesus Christus zu verbreiten

Die Voraussetzung für eine gute Wirkung Ihrer Worte ist das eigene gute Beispiel. Wir sind verantwortlich für den Glauben der Verwandten und Freunde. Die jungen Menschen suchen bei den Älteren, ob man „etwas sieht" vom Erlöstsein durch Christus.
Nützen Sie auch die Möglichkeiten der Weiterbildung in den christlichen Glaubenswahrheiten.
Christus sagt: *Euer Licht leuchte vor den Menschen so, daß sie eure guten Werke sehen und euren Vater preisen, der im Himmel ist. (Mattäus 5,16)*

Seien Sie dankbar

Danken Sie Gott für alles, was Sie haben:
Wir sollen Gott nicht lauwarm und gewohnheitsmäßig danken, sondern im Geist der Psalmen und des Sonnengesanges von Bruder Franz. Danken Sie auch Ihren Mitmenschen: Sprechen Sie, wo es möglich ist, Ihren Dank und Ihr Lob aus. Üben wir, Freude zu haben an großen wie kleinen Dingen des Alltags und dafür dankbar zu sein. Manchmal „ist uns nicht darnach" zu danken, weil wir uns einsam, traurig und unverstanden fühlen. Denken wir dann daran.

TÄGLICHES HINGABEGEBET

„Herr Jesus Christus, Du hast in Deinem Leiden und Sterben all unsere Schuld auf Dich genommen und uns reingewaschen von der Sünde durch das Blut Deines von der Lanze geöffneten Herzens.
Dir biete ich all meine Gebete, Arbeiten und Leiden dieses Tages an als Sühne für unsere Sünden, für die Du Dich auch heute in der Eucharistie täglich hingibst und uns Deine vergebende Liebe schenkst.
Ich bringe Dir dies alles dar für die Anliegen der Kirche, der Deine Liebe gilt, besonders für jene Anliegen, für die zu beten uns der Papst diesen Monat aufgefordert hat ...“

Lasset uns beten:
Gott, du hast in Deiner unaussprechlichen Vorsehung den heiligen Josef zum Bräutigam Deiner heiligsten Mutter erwählt. Wir bitten Dich: Laß uns ihn, den wir auf Erden als Beschützer verehren, zum Fürsprecher im Himmel haben, der Du lebst und herrschst von Ewigkeit zu Ewigkeit. Amen.

Gebet, um eine Gnade zu erlangen:

O Gott, der Du höchst bewunderungswürdig bist in Deinen Heiligen, wir bitten Dich, uns auf die Fürsprache des Bruder Andreas, des Apostels des heiligen Josef, die Gnaden zu gewähren, die wir erbitten ..., damit er in der Kirche verherrlicht werde und wir dahingeführt werden, seine Tugenden nachzuahmen, durch Jesus Christus, unsern Herrn. Amen.
„Herr Jesus Christus, Du hast in Deinem Leiden und Sterben

all unsere Schuld auf Dich genommen und uns reingewaschen von der Sünde durch das Blut Deines von der Lanze geöffneten Herzens.
Dir biete ich all meine Gebete, Arbeiten und Leiden dieses Tages an als Sühne für unsere Sünden, für die Du Dich auch heute in der Eucharistie täglich hingibst und uns Deine vergebende Liebe schenkst.
Ich bringe Dir dies alles dar für die Anliegen der Kirche, der Deine Liebe gilt, besonders für jene Anliegen, für die zu beten uns der Papst diesen Monat aufgefordert hat ...“

(Hier können die Gebetsmeinungen des Heiligen Vaters eingefügt werden.)

Gebet um Heiligsprechung Bischof Rudigiers

Herr Jesus Christus !
In festem Glauben an dich
ist Bischof Franz Joseph Rudigier
zum Zeugen deiner Gegenwart
inmitten dieser Welt geworden.

Als Zeichen der Treue zu dir
und als Bekenntnis
zur Sündelosigkeit Mariens,
die ihr von Anfang an geschenkt war,
hat er den Linzer Dom gebaut.

Wir bitten dich,
schenke uns die Freude,
ihn bald als Heiligen verehren zu dürfen,
und erhöre die Bitten der Gläubigen,
die sich seiner Fürsprache anvertrauten
Amen.

Jesus hat keine Hände,

Jesus hat keine Hände,
nur unsere Hände,
um seine Arbeit heute zu tun.–
Er hat keine Füße,
nur unsere Füße,
um Menschen auf seinem Weg zu führen,–
Christus hat keine Lippen,
nur unsere Lippen,
um Menschen von ihm zu erzählen.–
Er hat keine Hilfe,
nur unsere Hilfe,
um Menschen an seine Seite zu bringen.–
Wir sind die einzige Bibel,
die die Öffentlichkeit noch liest.–
Wir sind Gottes letzte Botschaft
in Taten und Worten geschrieben.–

******

Und fange bei mir an

Herr, erwecke deine Kirche
und fange bei mir an.
Herr, baue deine Gemeinde
und fange bei mir an.
Herr, laß Frieden überall auf Erden kommen
und fange bei mir an.
Herr, bring Liebe und Wahrheit zu allen Menschen
und fange bei mir an.

Ein Gebet bei schweren Anliegen!

Der heilige Pfarrer Vianney von Ars sagte oft, nach seiner Erfahrung wirkte folgendes Gebet, bei großen öffentlichen wie persönlichen Anliegen, vertrauensvoll verrichtet, fast Wunder. Es lautet:
O Mutter Jesus, duch deine unermeßlichen Schmerzen beim Leiden und Sterben deines göttlichen Sohnes und um der bitteren Tränen willen, die du vergossen hast, bitte ich dich, opfere den heiligen, mit Wunden und Blut bedeckten Leib unseres göttlichen Erlösers in Vereinigung mit deinen Schmerzen und Tränen dem himmlischen Vater auf zur Rettung der Seelen und um die Gnade zu erlangen um die ich dich anflehe ...

Jesus, Maria und Josef ich liebe Euch, rettet unsere Seelen und die Gottgeweihten. 3 x

Jesus zu Schwester Faustine: „Ich verspreche, daß die Seele, die dieses Bild verehrt, nicht zugrunde gehen wird. Ich verspreche ihr schon hier auf Erden den Sieg über die Feinde, vor allem aber in der Todesstunde. Ich, der Herr, werde sie beschützen wie meine Ehre. Die Strahlen auf dem Bilde bedeuten Blut und Wasser, welche aus den Tiefen meiner Barmherzigkeit hervorbrachen, als mein sterbendes Herz auf dem Kreuz mit der Lanze durchbohrt wurde. Ich verspreche, daß die Seele, die dieses Bild verehrt, nicht verloren geht. Die Häuser, ja sogar die Städte, wo dieses Bild verehrt wird, werde ich verschonen und beschützen ...“.

Litanei – Anrufungen an die göttliche Barmherzigkeit

Gottes Barmherzigkeit, Du unbegreifliches Geheimnis der Heiligsten Dreifaltigkeit, wir vertrauen auf Dich, erbarme Dich unser und rette uns.

Gottes Barmherzigkeit, Du Ausdruck Seiner größten Macht, wir vertrauen auf Dich, ...

Gottes Barmherzigkeit, die Du dich in der Erschaffung der himmlischen Geister offenbarst, wir vertrauen auf Dich, ...

Gottes Barmherzigkeit, die Du uns aus dem Nichts ins Sein berufst, wir vertrauen auf Dich, ...

Gottes Barmherzigkeit, die Du die ganze Welt umfassest, wir vertrauen auf Dich, ...

Gottes Barmherzigkeit, die Du uns das unsterbliche Leben spendest, wir vertrauen auf Dich, ...

Gottes Barmherzigkeit, die Du uns vor verdienten Strafen beschützest, wir vertrauen auf Dich, ...

Gottes Barmherzigkeit, die Du uns vom Elend der Sünde befreist, wir vertrauen auf Dich, ...

Gottes Barmherzigkeit, die Du uns in dem im Fleisch gewordenen Worte Rechtfertigung schenkst, wir vertrauen auf Dich, ...

Gottes Barmherzigkeit, die Du uns aus den Wunden Christi herabfließest, wir vertrauen auf Dich, ...

Gottes Barmherzigkeit, die Du uns aus dem heiligsten Herzen Jesu quillst, wir vertrauen auf Dich, ...

Gottes Barmherzigkeit, die Du uns die Heilige Jungfrau zur Mutter der Barmherzigkeit gegeben hast, wir vertrauen auf Dich, ...

Gottes Barmherzigkeit, sichtbar in der Errichtung der weltumspannenden Kirche, wir vertrauen auf Dich, ...

Gottes Barmherzigkeit, offenbar in der Einsetzung und Erteilung der Heiligen Sakramente, wir vertrauen auf Dich, ...

Gottes Barmherzigkeit, grenzenlos in der Spendung der Sakramente der Taufe und der Buße, wir vertraunen auf Dich, ...

Gottes Barmherzigkeit, unermeßlich in den Sakramenten des Altares und der Priesterweihe, wir vertrauen auf Dich, ...

Gottes Barmherzigkeit, die Du uns zum heiligen Glauben berufen hast, wir vertrauen auf Dich, ...

Gottes Barmherzigkeit, die Du die Sünder bekehrst, wir vertrauen auf Dich, ...

Gottes Barmherzigkeit, die Du Gerechten heiligst, wir vertrauen auf Dich, ...

Gottes Barmherzigkeit, die Du die Heiligen vervollkommnest, wir vertrauen auf Dich, ...

Gottes Barmherzigkeit, Du von der Hoffnung für die Kranken und Leidenden, wir vertrauen auf Dich, ...

Gottes Barmherzigkeit, Du Trost und Hort der bedrükkten Herzen, wir vertrauen auf Dich, ...

Gottes Barmherzigkeit, Du Hoffnung der Verzweifelnden, wir vertrauen auf Dich, ...

Gottes Barmherzigkeit, die Du alle Menschen begleitest, immer und überall, wir vertrauen auf Dich, ...

Gottes Barmherzigkeit, die Du uns mit Gnaden erfüllst, wir vertrauen auf Dich, ...

Gottes Barmherzigkeit, du Frieden der Sterbenden, wir vertrauen auf Dich, ...

Gottes Barmherzigkeit, die Du uns vor dem Feuer der Hölle verschonst, wir vertrauen auf Dich, ...

Gottes Barmherzigkeit, Du Erfrischung der Seelen im Fegfeuer, wir vertrauen auf Dich, ...

Gottes Barmherzigkeit, Du Wonne und Entzücken aller Heiligen, wir vertrauen auf Dich, ...

Gottes Barmherzigkeit, unendlich in allen Geheimnissen des Glaubens, wir vertrauen auf Dich, ...

Gottes Barmherzigkeit, unerschöpfliche Quelle der Wunder, wir vertrauen auf Dich, ...

V. Gott ist barmherzig und voll Mitleid, im Zorne langsam und voll Güte. (Ps. 144,8).

R. Darum lobpreise ich ewig die Barmherzigkeiten des Herrn. (Ps. 88,2).

Lasset uns beten: O Gott, Deine Barmherzigkeit ist ohne Grenzen, Dein Mitleid unerschöpflich. Schau gnädig herab auf uns. Vermehre in uns die Werke Deiner Barmherzigkeit, damit wir auch in den schwersten Prüfungen niemals verzweifeln, sondern uns immer vertrauensvoll Deinem Heiligen Willen, der Liebe und Barmherzigkeit ergeben. Gewähre uns dies durch unseren Herrn Jesus Christus, der uns mit dir und dem Heiligen Geiste Barmherzigkeit von Ewigkeit zu Ewigkeit erweist. Amen.

Stichwortverzeichnis

Quellenverzeichnis

Gotteslob, Katholisches Gebet- und Gesangbuch, Diözese Linz. Hrsgg. v. den Bischöfen Deutschlands und Österreichs und der Bistümer Bozen-Brixen und Lüttich.

Nr. 10/1 Gebet in der Krankheit (hier S. 217)
Nr. 28/4 Gebet für die verfolgte Kirche (hier S. 204)
Nr. 28/5 Gebet für die Weltmission (hier S. 197)
Nr. 29/6 Hen, mach mich zu einem Werkzeug ... (hier S. 209)
Nr. 34/1 Gebet zum Schutzengel – (hier S. 149)
Nr. 75 Textteil aus: „Der Christ in der Krankheit“ (hier S. 219)
Nr. 768 Herz-Jesu-Litanei (hier S. 76)
Nr. 762 Allerheiligen-Litanei (hier S. 162)
Nr. 769 Lauretanische Litanei (hier S. 128)
Nr. 790/2 Allgemeines Gebet (hier S. 50)

Ständige Kommission für die Herausgabe der gemeinsamen liturgischen Bücher im deutschen Sprachgebiet, Trier

Gotteslob Nr. 76: Die Krankensalbung (hier: S. 219)
Gotteslob Nr. 79/5 und 79/6: Gebet unmittelbar vor und nach dem Verscheiden (hier S. 245, S. 247)
Gotteslob Nr. 353: Die Feier der Gemeindemesse (hier S. 248–275)

Betendes Gottes Volk, A 1011 Wien, Franziskanerplatz 4 für:
Gebet vor dem eucharistischen Herrn (hier S. 61)

Bischöfliches Ordinariat, Linz
Gebet um Seligsprechung von Bischof Franz Josef Rudigier S.191

Chr. Kaiser Verlag München
Dietrich Bonhoeffer: Morgengebet hier S. 27.

Verlag Butzon & Bercker, Kevelaer:

aus: Paul Haschek: Abend mit Gott. Gedanken und Gebete, Verlag Butzon & Bercker, Kevelaer, S. 209, 211–219: Einleitung sowie Erläuterungen zu den einzelnen Gesätzchen von „Der Rosenkranz" in einzelnen Teilen (hier S. 17ff.)

aus: Alfonso Pereira SJ: Jugend mit Gott, Verlag Butzon & Bercker, Kevelaer, S. 220 das Abendgebet „Danke für alles, was heute schön war" (hier S. 33).

Gebetsliga, Wien

Gebet um die Seligsprechung von Karl von Österreich S. 193

Herz-Marien-Karmel Mariazell:

Gebet zum unbefleckten Herzen Mariens (hier S. 119)

Prälat Ferdinand Holböck, Selbstverlag

aus: „Die sieben heiligen Zufluchten einst und jetzt", im Selbstverlag Salzburg 1976.

Katholische Arbeiterjugend – Diözesanleitung Linz

Gebet zum seligen Marcel Callo S. 187.

Meyer, Hans Bernhard, Sillgasse 6, A-6020 Innsbruck

Reuegebet „Herr, du liebst mich von Ewigkeit" (hier S. 49)

MBK Verlag, Bad Salzuflen

Gebet für die Politiker (hier S. 204)

Verlag Neue Stadt: München, Zürich Wien:

aus: Gebete der Kirchenväter. Die schönsten Gebete der ungeteilten Christenheit. Hrsgg. von C. Borgogno/ G. Gandolfo:
folgende Gebete:
Morgengebet des hl. Gregor von Nazianz S. 52 (hier S. 36)

Lobpreis der Heiligen Dreifaltigkeit von Rhabanus Maurus S. 114 (hier S. 44)
Gebet des hl. Basilius von Caesarea zu Maria S. 50 (hier S.132),

Parvis-Verlag, CH-1631 Hauteville (Schweiz)
aus: „Klopft an! Es wird euch aufgetan".
Gebet zum hl. Antonius S. 182

Verlag Friedrich Pustet, Regensburg:
aus: Gülden, Josef: In den Tagen des Alters S. 35–36: Einleitungstext zu „Grundgebete zu Maria" (hier Seite 14); bearbeiteter Kurzauszug
sowie die folgenden Gebete:
Morgengebet S. 63 (hier S. 29)
Hilf Maria S. 155 (hier S. 134)
Gebet statt des Tagesgebetes S. 97 (hier S. 253)
Gebet am Sonntag, wenn der Kirchgang unmöglich ist S. 100–102 (hier S. 276).

Verlagsbuchhandlung Franz Reisinger, Wels, OÖ.
Novene zum heiligsten Herz Jesu (hier S. 79)

Rita Rosen-Verlag, Postfach, CH-9445 Rebstein/Schweiz:
Morgengebet zur Heiligsten Dreifaltigkeit (hier: S. 36)

Verlag St. Grignionshaus, D-8262 Altötting
folgende Gebete aus A.M.Weigl, „Aus dem Gebetsschatz der heiligen Kirche":
Verehrung der Kreuzeswunde: S. 116 (hier: S. 85)
Gebet zur hl. Mutter Anna um Kindersegen: S. 311 (hier S. 173)
Engel-Litanei: S. 288 (hier: S. 154)
Gebet zur heiligen Rita in verzweifelten Anliegen: S. 327 (hier S. 175)

aus A.M. Weigl: „Gebete in großer Bedrängnis":
Gebet in Tagen der Krankheit S. 58–59 (hier S. 216)

Gebet für die sterbenden Sünder der ganzen Welt S. 97 (hier S. 228)
Kurzgebet in großer Not S. 72–73 (hier: S. 63)
„Was bewirkt die Krankensalbung?“ S. 66 (hier S. 220)

St. Raphael-Verlag, Marienstraße 9, 7900 Ulm-Gögglingen
aus: P. Palmatius Zilligen SS.CC.: Gebetbuch
Anregungen und Texte zur Hl. Messe hier S. 248–275.

Veritas Verlag, Linz:
aus „Weg des Lebens“ Tischgebete (hier S. 39, S. 40)
Abdruck von: „Kreuzweg um einen guten Tod“ von Franz Vieböck (hier S. 98–111)